89 Z
320
(163)

8° Z
320
(163)

COLLECTION

DES

AUTEURS GRECS

EXPLIQUÉS

PAR UNE DOUBLE TRADUCTION FRANÇAISE

COLLECTION
DES
AUTEURS GRECS
EXPLIQUÉS
PAR UNE DOUBLE TRADUCTION FRANÇAISE
L'UNE CORRECTE
ET L'AUTRE MOT A MOT

AVEC LE TEXTE EN REGARD DE CHAQUE TRADUCTION,

des Sommaires, des Notes philologiques, historiques, archéologiques,
des Appréciations littéraires,
et des Renseignements bibliographiques.

PAR UNE SOCIÉTÉ DE PROFESSEURS.

FABLES D'ÉSOPE
PAR
M. CHAMBON,
Professeur au lycée Louis-le-Grand.

PARIS
LIBRAIRIE CH. DELAGRAVE
15, RUE SOUFFLOT, 15

1887

Toutes nos éditions sont revêtues de notre griffe.

Compiègne. — Imprimerie Henry Lefebvre, rue Solférino, 31.

NOTICE
BIOGRAPHIQUE ET LITTÉRAIRE
SUR ÉSOPE

Par une singulière et malheureuse coïncidence, l'histoire de tous les fabulistes anciens est presque également inconnue de nous : Phèdre (1), si remarquable par l'élégance et la pureté de son style, a été méconnu par ses contemporains, et la postérité, complice de cette injustice, ne nous a laissé aucun document qui puisse éclaircir le mystère de sa vie. Babrius (2), rival de Phèdre pour la simplicité et la pureté de la diction, supérieur à lui par la grâce et la finesse, a été également oublié ; on ne peut que former des conjectures sur la date de sa naissance et de sa mort ; ses fables charmantes ne nous seraient même connues que par fragments, si un hasard heureux ne nous en avait révélé la plus grande partie (3). Nous n'avons guère plus de renseignements sur Avienus (4), qui fut sans doute bien inférieur aux deux poètes que nous venons de citer, mais qui a joui cependant de quelque célébrité. Il en est de même d'Esope, appelé par les anciens le père de l'apologue, et dont le nom est si connu, si populaire.

Nous nous bornerons, dans cette courte notice, à recueillir les témoignages certains et peu nombreux que l'Antiquité nous a transmis sur la vie et sur la personne d'Esope ; nous laisserons de côté tout ce qui ressemble évidemment à des contes (5).

(1) Ce n'est que par des passages isolés de ses écrits qu'on a pu connaître quelque chose de la vie de Phèdre. S'il en faut croire le titre donné à son livre par les manuscrits (PHÆDRI, AUGUSTI LIBERTI, FABULÆ), il fut esclave d'Auguste qui lui donna la liberté. Il mourut vers l'an 44 après J.-C., sous le règne de Claude.

(2) Nous ne savons pas si Babrius était Latin ou Grec : le lieu de sa naissance et l'époque où il vécut demeurent également incertains. Toutes les assertions des savants sur ce sujet ne sont que des hypothèses plus ou moins ingénieuses, dont bien peu malheureusement, s'autorisent de quelques faits certains.

(3) M. Minoïde Minas, savant Macédonien établi en France ayant été envoyé en Grèce pendant l'année 1840, pour une mission scientifique, découvrit par hasard dans le monastère de Sainte-Laure, au mont Athos, extrémité S.-E. de l'ancienne Chalcidique (la *Roumélie*), un manuscrit contenant 123 fables, composées par Babrius en vers choliambes, et traduites presque toutes d'Esope. Sans cette rencontre inespérée, nous n'aurions guère de cet auteur si élégant que des fragments informes.

(4) Avienus vivait vers la fin du IV° siècle sous Théodose. Il a traduit en vers latins assez remarquables quarante-deux fables d'Esope.

(5) La *vie d'Esope*, telle que l'a racontée Planude, moine grec du XVI° siècle, né à Nicomédie, est un tissu de contes puérils et d'assertions erronées. La Fontaine l'a traduite et placée en tête de ses *fables*. Du reste, il ne s'abuse pas lui-même sur le mérite de cette compilation : « Ce que je puis, dit-il, est de composer un tissu de mes conjectures, lequel j'intitulerai : *Vie d'Esope*. Quelque vraisemblable que je rende, on ne s'y arrêtera pas, et, fable pour fable, le lecteur préférera toujours celle de Planude à la mienne. » (*Préface*.)

NOTICE BIOGRAPHIQUE ET LITTÉRAIRE

I. — Vie d'Ésope.

Ésope, suivant l'opinion la plus générale (1), est né en Phrygie, province de l'Asie-Mineure. La date de sa naissance ne peut être fixée exactement, non plus que celle de sa mort ; mais il est facile de déterminer dans quel siècle il a vécu. En effet, Hérodote et Plutarque attestent qu'Ésope passa plusieurs années à la Cour de Crésus, roi de Lydie ; or, c'est en 548 avant J.-C. que Crésus, vaincu à la bataille de Thymbrée, fut détrôné par Cyrus : Ésope vivait donc de l'an 600 à l'an 500 avant J.-C., c'est-à-dire dans le sixième siècle avant l'ère chrétienne (2).

On se représente ordinairement Ésope, bossu, difforme, tout contrefait. Cette opinion n'a d'autre fondement que l'assertion sans valeur de son biographe Planude, car les auteurs anciens ne font pas mention de la difformité d'Ésope (3) ; ils disent seulement qu'il était laid (4) et bègue (5). Ce sont sans doute ces deux désavantages naturels que la tradition a exagérés. Quoi qu'il en soit, il paraît qu'Ésope passa les premières années de sa vie dans la misérable condition d'esclave. Il eut pour maîtres, d'abord Xantus (6), philosophe lydien, puis un Athénien nommé Démarque (7), frère de la célèbre Sapho, et enfin Iadmon (8), citoyen de Samos, qui lui donna la liberté.

Déjà célèbre par son esprit et surtout par son talent à cacher de sages leçons, d'utiles vérités sous le voile de l'apologue, Ésope fut appelé à la Cour de Crésus, roi de Lydie. Il paraît, d'après Plutarque, qu'il s'y montra plus habile courtisan que le philosophe Solon (9),

(1) Suidas, au mot Αἴσωπος, dit qu'Ésope était originaire de Samos ; le scholiaste d'Aristophane (comédie des *Guêpes*) le fait naître à Mésembrie, dans la Thrace ; d'autres auteurs placent à Sardes en Lydie le lieu de sa naissance : parmi ces opinions diverses, nous avons suivi la plus généralement adoptée.
(2) La Fontaine place la naissance d'Ésope dans la cinquante-septième olympiade ; c'est une erreur qu'il a sans doute empruntée à Planude : il vécut vers la cinquante-deuxième olympiade, car l'époque de sa vie doit être déterminée par la date de la vie de Crésus, puisqu'il suivit la Cour de ce roi, comme l'atteste Hérodote.
(3) Un savant italien, M. Visconti, a publié dans son *Iconologie grecque* une figure antique, découverte auprès de Rome, dans la villa Albani, et représentant un personnage très difforme. Il donne cette figure comme un portrait d'Ésope, mais sans appuyer cette hypothèse d'aucune preuve.
(4) Voy. le sophiste Himérius, *Orat.* xiii, 5.
(5) Plutarque (*Banquet des sept sages*).
(6) Quelques auteurs citent comme le premier maître d'Ésope l'Athénien Démarque ; mais suivant le scholiaste d'Aristophane (comédie des *Guêpes*), ce serait le philosophe Xantus.
(7) Aphthon rapporte qu'Ésope fut l'esclave de Démarque, surnommé Charasias. On pourrait aussi le conclure d'un passage d'Hérodote (ii, 135).
(8) Le texte d'Hérodote (ii, 134) ne permet pas de douter qu'Ésope ait été l'esclave de cet Iadmon : « Ésope, dit-il, fut l'esclave d'Iadmon. On en a des preuves, et l'une des principales, c'est que les Delphiens ayant fait demander plusieurs fois par un héraut, suivant les ordres de l'oracle, si quelqu'un voulait venger la mort d'Ésope, il ne se présenta qu'un petit-fils d'Iadmon, qui portait le même nom que son aïeul. » (*Traduct. de Larcher.*)
(9) Le récit de Plutarque mérite d'être cité : « Le fabuliste Ésope, dit

à qui le roi ne pouvait pardonner la liberté de ses réponses, et le dédain qu'il montrait pour les richesses et le bonheur des princes. Crésus donna toute sa confiance à Esope : lorsqu'il voulut consulter l'oracle de Delphes sur les craintes que lui inspirait l'approche de l'armée de Cyrus, c'est à Esope qu'il confia cette mission ; il lui remit les présents destinés au dieu, et de plus une forte somme d'argent qu'il devait partager entre tous les habitants de la ville. Esope accomplit les ordres qu'il avait reçus au sujet de l'oracle ; pour l'argent qu'il devait distribuer aux Delphiens, il le renvoya en Lydie, disant qu'ils étaient indignes de le recevoir. Déjà irrités de cette injure, et soupçonnant en outre qu'Esope avait pénétré les supercheries de leurs prêtres, les Delphiens résolurent de ne rien épargner pour étouffer des révélations qui pouvaient leur faire le plus grand tort, en mettant fin à la crédulité des peuples et en tarissant ainsi la source principale de leurs richesses. Au moment donc du départ d'Esope, ils cachent dans ses bagages un vase sacré (1) ; puis ils l'arrêtent presque au sortir des portes de la ville et le ramènent à Delphes, chargé de fers et sous le poids d'une accusation de sacrilège. En vain Esope s'efforça-t-il, par l'apologue du Rat et de la Grenouille, à effrayer les Delphiens sur la vengeance qu'un puissant tirerait de sa mort ; rien ne put les toucher ; il fut condamné à mort, et précipité du haut d'une roche, voisine de Delphes (2), lieu réservé pour le supplice des sacrilèges.

La mort d'Esope fut bientôt vengée ; une peste violente, qui, peu de temps après, désola Delphes, fit croire aux habitants qu'ils étaient poursuivis par la colère divine : ils rachetèrent leur crime par de nombreux sacrifices et par une forte amende, qu'ils payèrent au dernier fils du maître d'Esope (3). De leur côté, les Grecs honorèrent la mémoire du fabuliste, et les Athéniens lui élevèrent une statue (4).

II. — Ésope est-il l'inventeur de l'apologue ?

Il est difficile de décider aujourd'hui d'une manière absolue si Esope mérite en effet le titre de Père de la Fable, que lui ont dé-

il, était alors à Sardes, où Crésus l'avait attiré et le traitait fort honorablement. Fâché du mauvais accueil fait à Solon, il lui dit, en forme d'avis : « Solon, il faut ou ne jamais approcher des rois, ou ne leur dire que des choses agréables. — Dis plutôt, répondit Solon, qu'il faut ou ne pas les approcher, ou ne leur dire que des choses utiles. » PLUTARQUE, *vie de Solon*, chap. 28.

(1) Ce fait, qui rappelle l'histoire de Joseph et de ses frères à la Cour du roi d'Egypte, semble emprunté aux livres saints ; il est cependant attesté par un fragment d'Héraclide.

(2) De la roche Phædriades, selon Suidas ; mais plutôt de celle de Hyampée, dans le voisinage de Delphes, d'où l'on précipitait les sacrilèges. (*Note de M. Walkenaer.*)

(3) A défaut d'héritiers directs d'Esope, ce fut le petit-fils d'Iadmon, son ancien maître, qui se présenta pour recevoir la somme d'argent que les Delphiens s'étaient condamnés à payer, comma expiation. (*Voy. Hérodote, liv.* II. *chap.* 134).

(4) Phèdre l'atteste dans l'Epilogue du livre II de ses *Fables* :

    Æsopi ingenio statuam posuere Attici,
    Servumque collocarunt æternâ in basi. (*vers 1 et 2*).

cerné ses contemporains et la postérité. Cependant, si l'art d'employer le déguisement de l'apologue pour faire entendre d'une manière indirecte des vérités hardies aux peuples et aux rois, ou de prendre des exemples parmi les animaux pour donner à ses paroles plus d'évidence et de force a été introduite par Esope parmi les Grecs, il paraît bien probable que l'invention lui en est attribuée à tort (1). Il faut remarquer qu'Esope, née dans l'Asie-Mineure, passa une grande partie de sa vie à la Cour de Crésus : or, les Lydiens avaient des relations de commerce très suivies avec les Assyriens et avec tout l'Orient : on peut donc supposer avec raison qu'Esope avait connu ainsi l'apologue, dont les Orientaux font un usage si fréquent (2). Mais il l'employa avec tant d'éclat qu'il fit oublier ses devanciers et ses modèles, et que les Grecs lui attribuèrent l'invention d'un genre de littérature où il se montrait si supérieur.

III. — Ésope a-t-il écrit ses fables ?

Les fables qui nous sont parvenues sous le nom d'Esope ne sont pas d'Esope, en ce sens qu'il ne les a pas composées lui-même, que nous n'avons ni ses mots, ni ses phrases. L'idée première lui appartient, mais ce fut longtemps après lui que ces récits allégoriques ont été écrits et mis soit en prose, soit en vers.

C'est là une erreur que partagent presque tous les élèves de nos classes ; il importe d'autant plus de la dissiper, qu'elle fait concevoir d'Ésope et du rôle qu'il a joué pendant sa vie une idée complétement fausse.

Esope ne composait pas des fables à plaisir, comme ont fait plus tard Phèdre, Aviénus, La Fontaine, etc.; il n'était pas ce que nous pourrions appeler écrivain de profession. C'est ce qu'a très clairement montré M. Walckenaër (3), dont nous citerons ici les paroles: « Remarquons, dit-il, que les fables citées par Aristote, Platon, « Aristophane et d'autres auteurs anciens, comme étant de l'in-« vention d'Esope, et qui sont les seules qu'on puisse regarder « comme incontestablement de lui, faisaient partie de discours ou « de harangues prononcés dans des occasions importantes, lors-« qu'il s'agissait de diriger les résolutions d'un peuple entier, de « le faire renoncer à des entreprises hasardeuses, et de l'empêcher « de commettre de grandes injustices ou de le mettre en garde « contre les vexations de la tyrannie. Ainsi les œuvres d'Esope, s'il « s'était donné la peine de les écrire, n'eussent point été un recueil « de fables, mais une collection de discours, d'exhortations, éclair-« cis ou fortifiés par des apologues. »

On conçoit facilement que les circonstances dans lesquelles Esope

---

(1) Telle est aussi l'opinion d'Auboin, traducteur français d'Esope (*discours prélim.*) ; de Clavier (*Esope dans la Bibliographie univ.*) ; de M. Walkenaër (*Essai sur la fable et les fabulistes*), etc.
(2) L'emploi de l'apologue est très fréquent dans les livres saints : voyez la fable du Figuier, de la Vigne et de l'Olivier (*Judic.*, XI, 8), celle du Cèdre et du Chardon (*Reg.*, XIV, 9 et 11), etc. — On a même trouvé dans la bibliothèque de Moscou deux manuscrits qui contenaient 62 fables d'Esope en grec, et qui les attribuaient à un Persan, nommé Syntypas.
(3) *Essai sur la fable et les fabulistes*, pages lvij, lviij.

avait pris la parole ayant perdu leur intérêt par l'effet du temps, aient été oubliées, aussi bien que les discours prononcés par lui ; ses apologues, au contraire, dont le caractère ingénieux frappait l'imagination, sont restés dans la mémoire des auditeurs, ont été transmis par tradition orale, jusqu'au moment où on les a mis en vers ou en prose pour en former des recueils propres à l'instruction des générations suivantes. Cette reproduction fut plus ou moins fidèle suivant que les écrivains étaient plus ou moins bien renseignés, plus ou moins scrupuleux. C'est ainsi qu'au rapport des Anciens (1), Socrate, dans sa prison, mit en vers quelques-unes de ces fables ; Démétrius de Phalère en composa un recueil, probablement en prose, qui n'est pas parvenu jusqu'à nous ; Babrius les a reproduites en vers choliambes ; Aphthonius (2), rhéteur célèbre, plus ancien peut-être que Babrius, en a choisi quelques-unes, qu'il a mises en prose grecque assez élégante.

Plusieurs de ces recueils contiennent des fables qui ne sont pas d'Esope, on n'en saurait douter ; les auteurs les ont ajoutées sans scrupule à celles qui sont véritablement de lui. Le nombre des fables que l'on regarde comme seules rigoureusement *authentiques*, parce qu'elles sont nommées ou citées dans des écrivains de l'Antiquité, est assez restreint ; en voici la liste :

1. — Le Renard blessé et les Guêpes (citée par Aristote, *Rhétor*. II, 20).
2. — Les Grenouilles qui demandent un roi (l'événement auquel cette fable fait allusion s'est passé pour ainsi dire sous les yeux d'Esope ; on peut donc avec assurance la lui attribuer). [Voy. Phèdre, liv. I, f. 2.]
3. — Le Pêcheur, joueur de flûte (placée dans la bouche de Cyrus par Hérodote).
4. — L'Aigle et l'Escarbot (citée par Aristophane, comédie *des Guêpes*, v. 1436).
5. — L'Ecrevisse (citée par Aristophane, comédie de *la Paix*, v. 1176).
6. — Le Hérisson (citée par Aristophane, *ibid.*, v. 1083).
7. — L'Aigle et le Renard (citée par Aristophane, comédie *des Oiseaux*, v. 653.)
8. — Le Renard refusant d'entrer dans l'antre du Lion (citée par Platon, *Alcibiade Ier*).
9. — Les bâtons flottants sur l'onde (allusion blessante dirigée contre les habitants de Delphes, et dont ils se vengèrent si cruellement).

Nous croyons néanmoins qu'il serait téméraire de borner à neuf apologues tout ce qu'Esope avait composé dans ce genre ; cela n'est pas vraisemblable : il faut, dans tous les temps, un plus gros bagage pour se faire une réputation populaire, comme celle dont jouissait Esope.

(1) Platon le rapporte dans le dialogue intitulé *Phédon ou de l'Immortalité de l'âme.* — Les apologues d'Esope furent aussi mis en vers, dit-on, par Diagoras de Melos et par une femme Rhodienne, nommée Myro. Il ne nous reste rien de ces deux ouvrages.
(3) Voyez Fabricius (*Bibliotheca græca*).

NOTICE BIBLIOGRAPHIQUE
SUR ÉSOPE

Éditions des fables d'Ésope.

Les éditions des fables d'Ésope sont très nombreuses : nous nous bornerons à citer les principales ; encore devons-nous prévenir que beaucoup sont incomplètes, ne renferment qu'une très petite partie des fables Ésopiques, et que quelques-unes, à cause de leur rareté, ne se trouvent guère que dans les grandes bibliothèques.

La collection connue la plus ancienne des *Fables d'Ésope* est celle de Planude, moine grec du quatorzième siècle ; elle est précédée de la vie d'Ésope, tissu de contes puérils et d'assertions erronées. Malgré tous ses défauts, cette collection a joui d'une grande célébrité.

L'édition *princeps* des fables d'Ésope est celle d'Accurse *(Bonus Accursius Pisanus)*, publiée à Milan, vers 1489. Elle contient seulement 144 fables, et depuis a servi de modèle aux éditions des Aldes, et de beaucoup d'autres, qui n'ont fait que la reproduire avec des changements de peu d'importance.

Abstemius, vers 1522, a réuni 199 fables d'Ésope.

Robert-Estienne, en 1546, a donné une édition d'Ésope sous ce titre : *Fabulæ Æsopi emendatiores*. Il y a joint un choix de fables de Babrius.

Nevelet *(Neveletus)*, en 1610, a réuni dans son *Corps des Fabulistes* les 149 fables publiées par Planude, et 146 autres fables tirées des cinq manuscrits de la bibliothèque Palatine.

Francisco de Furia a publié en 1810, à Leipsick, une édition des fables d'Ésope, avec une traduction latine.

Coray, à Paris, a donné aussi une édition contenant 426 fables, avec quelques notes en grec.

Toutes ces éditions sont assez rares. La petite édition classique de Tauchnitz (Leipsick, 1850) est très complète, et contient 423 fables.

Traductions des fables d'Ésope.

Avienus a traduit en vers latins, assez remarquables par la pureté et l'élégance, 42 des fables d'Ésope.

Abstemius a donné, d'une partie des fables, une version latine insérée dans son *Hécatomythium* (Venise, 1495).

L'édition de Francisco de Furia (Leipsick, 1810) contient également une traduction latine.

Nous citerons ensuite :

Julien *(Julianus, — Augustinianus ordine, —* Lugdun. 1484) ;

Gilles Corrozet, imprimeur-libraire, qui a publié à Paris, en 1542, une traduction d'Ésope, sous ce titre : *Les fables du très-ancien Esope, Phrygien, en rhythme françoise, avec leurs arguments ;*

Guillaume Haudent, dont l'ouvrage est intitulé : *Trois cent soixante-six apologues d'Esope, traduits nouvellement du latin en rhythme françoise* (Rouen, 1547) ;

Pierre Millot (Bourg, 1632) ;

Baudoin, dont la première édition, publié en 1633 avec le plus grand succès, fut réimprimée en 1669 à Bruxelles : chaque fable est suivie d'un commentaire et de réflexions morales ;

Raphaël Du Fresne (Paris, 1659) ;

Antoine Furetière (Paris, 1694 ; réimprimé à Bruxelles, 1695) ;

Houdar de La Motte (Paris, 1709 ; réimprimé à Amsterdam 1720) ;

Et enfin Auboin (Paris, 1743).

La plupart de ces traductions ne sont, à proprement parler, que des imitations, où les auteurs se sont peu préoccupés d'être fidèles au texte. Elles n'offrent d'intérêt que sous le rapport de la langue. Celles de Gilles Corrozet et de Guillaume Haudent sont surtout remarquables à ce point de vue, et contiennent quelquefois des vers excellents.

A. C

AVIS ESSENTIEL

SUR LES SIGNES EMPLOYÉS DANS LA TRADUCTION LITTÉRALE.

1º Les mots qui traduisent *un seul mot grec* sont réunis par des *traits d'union* (-). *Ex.* : Λόγους, « Discours-en-prose, » Καταλειφθέντων, « Ayant-été-laissés, » Αὐτῷ, « A-lui, » etc.

2º Les mots imprimés en *italiques* sont ajoutés pour rendre la traduction plus intelligible, pour exprimer ce qui est sous-entendu ou elliptique en grec. *Ex.* : Τοὺς ἀπὸ Διός, « Les *héros* issus de Jupiter, » Ἀρετὴν ἀνδρός, « *La* vertu d'*un* homme, » etc.

3º Les mots placés *entre parenthèses* sont une seconde traduction plus française et plus claire que la traduction littérale. *Ex.* : Τοὺς ἀκούοντας, « Les *hommes* entendant (les auditeurs), » Διετέλεσαν ὁμονοοῦντες, « Ils continuèrent étant-d'accord (d'être d'accord), » etc.

ΜΥΘΩΝ ΑΙΣΩΠΕΙΩΝ
ΕΚΛΟΓΗ.

ΜΥΘΟΣ Α΄—I.
ΑΛΩΠΗΞ.

Ἀλώπηξ εἰς οἰκίαν[1] ἐλθοῦσα ὑποκριτοῦ, καὶ ἕκαστα τῶν αὐτοῦ σκευῶν[2] διερευνωμένη, εὗρε[3] καὶ κεφαλὴν μορμολυκείου[4] εὐφυῶς κατεσκευασμένην, ἣν καὶ ἀναλαβοῦσα ταῖς χερσίν[5], ἔφη· « Ὦ οἵα κεφαλή, καὶ ἐγκέφαλον οὐκ ἔχει. »

Ἐπιμύθιον.

Ὁ μῦθος [προσήκει] πρὸς ἄνδρας μεγαλοπρεπεῖς μὲν[6] τῷ σώματι, κατὰ δὲ ψυχὴν ἀλογίστους.

(Phèdre, i, 7; — La Fontaine, iv, 14.)

ΜΥΘΟΣ Α΄. ΑΛΩΠΗΞ.	FABLE I. LE RENARD.
Ἀλώπηξ ἐλθοῦσα	Un renard étant-entré
εἰς οἰκίαν[1] ὑποκριτοῦ,	dans la-maison d'un-comédien,
καὶ διερευνωμένη	et examinant-avec-soin
ἕκαστα	chacun
τῶν σκευῶν[2] αὐτοῦ,	des meubles de-lui,
εὗρε[3] καὶ	trouva aussi
κεφαλὴν μορμολυκείου[4]	une tête de-masque-de-théâtre
κατεσκευασμένην εὐφυῶς,	fabriquée habilement,

I.—[1] Εἰς οἰκίαν.—On se sert en grec de εἰς avec l'accusatif, quand il y a mouvement; de même, en latin *in* avec l'accusatif ou l'accusatif seul. Quand il n'y a pas mouvement, on met ἐν avec le datif, comme en latin *in* avec l'ablatif.

[2] Ἕκαστα τῶν σκευῶν.—On emploie le génitif après les mots *partitifs*, c'est-à-dire après les mots qui servent à désigner séparément certaines parties d'un tout.—Remarquez en latin et en français l'analogie de tournure : *multi hominum* ; beaucoup d'hommes.—L'auteur aurait pu mettre ἕκαστα τὰ σκεύη.

[3] Εὗρε καὶ κεφαλήν.—Καί est ici adverbe ; il a le sens de *aussi*. Quand il est conjonction, il commence la proposition.—De même, en latin, *et* a souvent le sens de *aussi*.

[4] Μορμολυκείου (Rac. μορμώ), spectre, figure hideuse ; se dit aussi des masques de théâtre, qui offraient une bouche énorme et souvent

CHOIX
DE
FABLES D'ÉSOPE

FABLE I.
LE RENARD.

Un Renard était entré dans la maison d'un comédien. En examinant tous les meubles, il trouva une tête de masque de théâtre très-bien faite, et la prenant dans ses mains : « Quelle belle tête, dit-il, mais elle n'a pas de cervelle. »

MORALE.

Cette fable s'adresse aux hommes qui sont beaux de corps, mais sots d'esprit.

———o—◇—o———

καὶ ἀναλαβοῦσα ἣν	et ayant-pris laquelle (celle-ci)
ταῖς χερσίν 5,	avec-les-mains (ses-mains),
ἔφη· « ὦ οἵα κεφαλή,	il dit : ô quelle tête,
καὶ οὐκ ἔχει ἐγκέφαλον. »	et (et-pourtant) elle n'a pas de-cervelle.
Ἐπιμύθιον.	MORALE.
Ὁ μῦθος [προσήκει]	La fable [s'adresse]
πρὸς ἄνδρας	aux hommes
μὲν 6 μεγαλοπρεπεῖς	d'un-côté magnifiques
τῷ σώματι,	par-le corps,
δὲ ἀλογίστους	de-l'autre-côté déraisonnables
κατὰ ψυχήν.	quant-à l'âme.

un aspect effrayant. Ces masques anciens avaient la forme de la tête humaine ; ils étaient faits de façon à emboîter la tête de l'acteur, et étaient disposés de manière à donner à la voix plus de portée et de sonorité.—Le génitif n'est pas ici le *génitif de la partie*, comme dans cette phrase : *caput hominis*, etc.; car le μορμολυκεῖον ne se composait que d'une tête dans laquelle l'acteur introduisait la sienne. Il faut donc expliquer κεφαλὴν μορμολυκείου comme s'il y avait seulement μορμολυκεῖον.

5 Χερσίν, dat. plur. de χείρ, *main*, et aussi, *patte de devant*, en parlant de certains animaux. Il peut être traduit ici par *mains*; l'auteur, qui prête la parole au Renard, peut lui donner aussi des mains.

6 Μὲν.....δέ.—Ces deux particules marquent ordinairement une opposition entre les deux propositions dont elles font partie. Cette opposition est très-bien marquée ici ; elle n'est pas toujours aussi sensible.

ΜΥΘΟΣ Β'—II.

ΓΕΡΩΝ ΚΑΙ ΘΑΝΑΤΟΣ.

Γέρων ποτὲ ξύλα κόψας, ταῦτα φέρων, πολλὴν ὁδὸν [1] ἐβάδιζε, καὶ διὰ τὸν πολὺν κόπον ἀποθέμενος ἐν τόπῳ τινὶ τὸν φόρτον, τὸν Θάνατον ἐπεκαλεῖτο [2]. Τοῦ δὲ Θανάτου παρόντος [3] καὶ πυνθανομένου τὴν αἰτίαν δι' [4] ἣν αὐτὸν ἐκάλει, δειλιάσας ὁ γέρων ἔφη · « Ἵνα μου τὸν φόρτον ἄρῃς. »

Ἐπιμύθιον.

Ὁ μῦθος δηλοῖ ὅτι πᾶς ἄνθρωπος φιλόζωος [5], εἰ καὶ [6] δυστυχεῖ, καὶ πτωχός ἐστι.

(CORROZET, *fable* LXXX;—LA FONTAINE, I, 16;—BOILEAU, *Poésies diverses*.)

ΜΥΘΟΣ Β'.	FABLE II.
ΓΕΡΩΝ ΚΑΙ ΘΑΝΑΤΟΣ.	LE VIEILLARD ET LA MORT.
Ποτὲ Γέρων,	Un-jour *un* Vieillard
κόψας ξύλα,	ayant-coupé *des* bois (du bois),
φέρων ταῦτα,	portant ceux-ci (celui-ci),
ἐβάδιζε πολλὴν ὁδόν 1,	marchait (faisait) *une* longue route,
καὶ διὰ τὸν πολὺν κόπον	et à-cause-de la grande fatigue
ἀποθέμενος τὸν φόρτον	ayant-mis-à-terre le fardeau
ἔν τινι τόπῳ,	dans un-certain endroit,
ἐπεκαλεῖτο 2 τὸν Θάνατον.	appelait-à-lui la Mort.
Δὲ τοῦ Θανάτου παρόντος 3	Mais la Mort se-présentant

II. — [1] Ὁδὸν ἐβάδιζε. Quoique βαδίζειν soit un verbe neutre ou intransitif, il a ici un complément direct, ὁδόν. Il en est de même dans un certain nombre de locutions, comme κινδυνεύειν κίνδυνον, courir un danger, etc. On dit de même en latin : *vivere vitam, pugnare pugnam*.

[2] Ἐπεκαλεῖτο, appelait *à lui*. Le moyen indique ordinairement le retour de l'action vers le sujet.

[3] Τοῦ Θανάτου παρόντος. — Les Grecs expriment par le gén. abs. la proposition circonstancielle que les Latins rendent par l'ablatif absolu.

FABLE II.

LE VIEILLARD ET LA MORT.

Un jour, un Vieillard chargé de bois qu'il avait coupé, faisait une longue route : accablé par la fatigue, il déposa son fardeau et se prit à invoquer la Mort. Mais quand la Mort se présenta et lui demanda pour quel motif il l'appelait, alors le vieillard effrayé : « C'est, dit-il, pour que tu me soulèves mon fardeau. »

MORALE.

Cette fable montre que tout homme tient à la vie, lors même qu'il est dans le malheur et dans la misère.

καὶ πυνθανομένου τὴν αἰτίαν	et demandant la cause
δι' ἣν ἐκάλει αὐτόν,	pour laquelle *il* appelait elle,
ὁ γέρων δειλιάσας ἔφη ·	le vieillard ayant-eu-peur dit :
« Ἵνα ἄρῃς	« *C'est* pour-que *tu* soulèves
τὸν φόρτον μου. »	le fardeau de-moi. »
Ἐπιμύθιον.	MORALE.
Ὁ μῦθος δηλοῖ	La fable montre
ὅτι πᾶς ἄνθρωπος	que tout homme
φιλόζωος⁵,	*est* ami-de-la-vie (tient à la vie),
εἰ καὶ ὁ δυστυχεῖ,	quand même *il* est-dans-le-malheur,
καί ἐστι πτωχός.	et (*quand même*) il est mendiant.

---

⁴ Δι' ἣν, pour διὰ ἣν. Souvent une syllabe finale est ainsi élidée ; cette élision est indiquée par l'apostrophe.

⁵ Ὅτι πᾶς ἀνθρ. φιλόζωος, s. ent. ἐστί. Ἐστί est aussi souvent s. ent. en grec, que *est* en latin.

⁶ Εἰ καί, ou, en un seul mot, εἰκαί, quoique, quand même. Ce mot est traduit littéralement par la conjonct. latine *et si,* avec transposition des deux mots.

ΜΥΘΟΣ Γ'—III.

ΓΑΛΗ.

Γαλῆ, εἰς ἐργαστήριον[1] εἰςελθοῦσα χαλκέως[2], τὴν ἐκεῖ κειμένην περιέλειχε ῥίνην. Ξυομένης δὲ τῆς γλώττης, αἷμα πολὺ ἐφέρετο[3]. Ἡ δὲ ἥδετο, νομίζουσά τι τοῦ σιδήρου ἀφαιρεῖν[4], ἄχρις οὗ[5] παντελῶς πᾶσαν τὴν γλῶτταν ἀνήλωσεν.

Ἐπιμύθιον.

Ὁ μῦθος[6] πρὸς τοὺς ἐν φιλονεικίαις ἑαυτοὺς βλάπτοντας.

(Phèdre, iv, 8; — La Fontaine, v, 16.)

ΜΥΘΟΣ Γ'.
ΓΑΛΗ.

Γαλῆ, εἰσελθοῦσα
εἰς ἐργαστήριον[1] χαλκέως[2],
περιέλειχε ῥίνην
τὴν κειμένην ἐκεῖ.
Δὲ τῆς γλώττης ξυομένης,
αἷμα πολὺ ἐφέρετο[3].

FABLE III.
LA BELETTE.

Une belette, étant-entrée
dans *un* atelier de-serrurier,
léchait-tout-autour *une* lime
la étant-à-terre là (qui était...).
Mais la (sa) langue étant écorchée,
du sang en-grande-quantité coulait.

III.—[1] Εἰς ἐργαστήριον εἰσελθοῦσα.—Voy. note 1 de la fable I, note confirmée par cet exemple.

[2] Χαλκέως, gén. sing. de χαλκεύς, serrurier, forgeron, et, en général, tout ouvrier qui travaille les métaux.—Rac. χαλκός, airain, cuivre, bronze, *et par extension*, fer, métal.

[3] Ἐφέρετο (au moyen), s'en allait, s'écoulait.

[4] Ἀφαιρεῖν.—Rac. ἀπό, et αἱρέω; dans le composé, l'o de ἀπό est

FABLE III.

LA BELETTE.

Une Belette étant entrée dans l'atelier d'un serrurier, léchait une lime qui se trouvait par terre. Sa langue était déchirée et le sang coulait en abondance; cependant elle se réjouissait, croyant enlever quelques parcelles de fer, jusqu'à ce qu'elle eut usé sa langue tout entière.

MORALE.

Cette fable s'adresse à ceux qui dans leurs querelles se nuisent à eux-mêmes.

Δὲ ἥ ἥδετο, νομίζουσα ἀφαιρεῖν⁴ τι τοῦ σιδήρου, ἄχρις οὗ⁵ ἀνήλωσε παντελῶς τὴν γλῶτταν πᾶσαν.	Cependant celle-ci se réjouissait, croyant enlever quelque-chose du fer, jusqu'au *temps* auquel (jusqu'à ce que) *elle* détruisit complètement la (sa) langue entière.
Ἐπιμύθιον.	MORALE.
Ὁ μῦθος⁶ πρὸς τοὺς βλάπτοντας ἑαυτοὺς ἐν φιλονεικίαις.	La fable *s'adresse* aux *hommes* faisant-tort à-eux-mêmes dans *les* querelles.

élidé, et le π se change en son aspirée φ, à cause de l'esprit rude de αἱρέω. Car un esprit rude équivaut à une aspirée, et, en grec, deux muettes qui se suivent doivent être du même degré, c'est-à-dire toutes deux fortes, ou... etc.

⁵ Ἄχρις οὗ, *jusqu'à ce que*, ellipse très-fréquente pour ἄχρι τοῦ χρόνου ἐφ' οὗ, *jusqu'au temps où*.

⁶ Ὁ μῦθος..., sous-ent. ἐστί ou προσήκει, *s'adresse à*, etc.

ΜΥΘΟΣ Δ'—IV.

ΧΕΛΩΝΗ ΚΑΙ ΑΕΤΟΣ.

Χελώνη Ἀετοῦ ἐδεῖτο ἵπτασθαι αὐτὴν[1] διδάξαι[2]. Τοῦ[3] δὲ παραινοῦντος πόρρω τοῦτο τῆς φύσεως αὐτῆς εἶναι, ἐκείνη μᾶλλον τῇ δεήσει προςέκειτο. Λαβὼν οὖν αὐτὴν τοῖς ὄνυξι, καὶ εἰς ὕψος ἀνενεγκών, εἶτ'[4] ἀφῆκεν. Ἡ δέ, κατὰ[5] πετρῶν πεσοῦσα, συνετρίβη.

Ἐπιμύθιον.

Ὁ μῦθος δηλοῖ ὅτι πολλοὶ ἐν φιλονεικίαις, τῶν φρονιμωτέρων[6] παρακούσαντες[7], ἑαυτοὺς ἔβλαψαν.

(Babrius, xciii [115];—Avien., 2;— Phèdre, ii, 6;—La Fontaine, x, 3.)

ΜΥΘΟΣ Δ'.	FABLE IV.
ΧΕΛΩΝΗ ΚΑΙ ΑΕΤΟΣ.	LA TORTUE ET L'AIGLE.
Χελώνη ἐδεῖτο Ἀετοῦ διδάξαι[1] αὐτὴν[2] ἵπτασθαι.	*Une* Tortue priait *un* Aigle d'apprendre à-elle à-voler.
Δὲ τοῦ[3] παραινοῦντος τοῦτο εἶναι πόρρω τῆς φύσεως αὐτῆς,	Mais celui-ci *lui* représentant cela être loin de-la nature d'elle,
ἐκείνη προσέκειτο μᾶλλον τῇ δεήσει.	celle-ci insistait davantage sur-la (sa) prière.
Οὖν λαβὼν αὐτὴν τοῖς ὄνυξι,	Donc ayant-saisi elle avec-les (ses) serres,

---

IV.—[1] Αὐτήν.—Remarquez l'esprit rude de αὐ, qui montre que αὐτήν est l'équivalent de ἑαυτήν.

[2] Διδάξαι.—Certains verbes en grec comme en latin se construisent avec leurs deux compléments à l'acc. Ainsi διδάξαι a pour complément direct αὐτήν, pour compl. ind. l'infin. ἵπτασθαι, qui ne peut être qu'un accusatif. *Ex.* Doceo pueros grammaticam, διδάσκω τοὺς παῖδας τὴν γραμματικήν.

[3] Τοῦ δέ, pour τούτου δέ. L'article est souvent employé pour le pronom de la troisième personne, οὗτος, αὕτη, τοῦτο, surtout dans les narrations. Voy. trois lignes plus bas: ἡ δέ, κατὰ πετρῶν pour αὕτη δέ...

FABLE IV.

L'AIGLE ET LA TORTUE.

La Tortue priait l'Aigle de lui apprendre à voler, et bien qu'il lui représentât que cela n'était pas dans sa nature, elle insistait encore plus dans sa demande. L'Aigle la prit donc dans ses serres, l'enleva en l'air et la lâcha ensuite. La Tortue tomba sur des rochers où elle se brisa.

MORALE.

Cette fable montre que bien des hommes dans leurs querelles se font tort à eux-mêmes, pour n'avoir pas écouté des gens plus sensés qu'eux.

———o—◇—o———

καὶ ἀνενεγκὼν εἰς ὕψος,
εἶτ'[4] ἀφῆκεν.
Δὲ ἡ,
πεσοῦσα κατὰ [5] πετρῶν,
συνετρίβη.
  Ἐπιμύθιον.
Ὁ μῦθος δηλοῖ
ὅτι πολλοί,
παρακούσαντες [7] τῶν
φρονιμωτέρων [6],
ἔβλαψαν ἑαυτοὺς
ἐν φιλονεικίαις.

et (l') ayant-enlevée en haut,
ensuite *il la* lâcha.
Mais celle-ci,
étant-tombée sur *des* rochers,
fut-brisée.
  MORALE.
La fable montre
que plusieurs *hommes*,
ayant-négligé d'écouter les *hommes*
plus-sensés *qu'eux*,
ont-nui à-eux-mêmes
dans *les* querelles.

---

[4] Εἶτ' ἀφῆκεν, pour εἶτα ἀφῆκεν. L'α final est élidé et remplacé par l'apostrophe.

[5] Κατὰ πετρῶν.—Κατά marque mouvement en descendant; ἀνά, au contraire, marque mouvement en montant : πεσοῦσα κατὰ πετρῶν, étant tombée *d'en haut* sur des rochers.

[6] Παρακούσαντες, composé de παρά, et ἀκούω. Ici la préposition diminue la force du verbe auquel elle est jointe : παρακούειν, *écouter négligemment*, faire semblant d'écouter.

[7] Τῶν φρονιμωτέρων, des gens *plus sensés* (*qu'eux-mêmes*). Le complément s.-ent. du comparatif est ἑαυτῶν.

ΜΥΘΟΣ Ε′—V.

ΟΝΟΣ ΚΑΙ ΑΛΩΠΗΞ.

Ὄνος ἐνδυσάμενος λεοντῆν[1] περιῄει, τἆλλα[2] τῶν ζώων ἐκφοϐῶν. Καὶ δὴ θεασάμενος Ἀλώπεκα, ἐπειρᾶτο καὶ[3] ταύτην δεδίττεσθαι. Ἡ δὲ (ἐτύγχανε[4] γὰρ αὐτοῦ φθεγξαμένου προακηκουῖα) πρὸς αὐτὸν ἔφη · « Ἀλλ' εὖ ἴσθι ὡς καὶ ἐγὼ ἄν σε ἐφοϐήθην[5], εἰ μὴ ὀγκωμένου ἤκουσα. »

Ἐπιμύθιον.

Ὁ μῦθος δηλοῖ ὅτι ἔνιοι τῶν ἀπαιδεύτων[6], τοῖς ἔξω[7] δοκοῦντές τινες[8] εἶναι, ὑπὸ τῆς ἰδίας γλωσσαλγίας ἐλέγχονται.

(Phèdre, I, 11 ; — La Fontaine, v, 21.)

ΜΥΘΟΣ Ε′.	FABLE V.
ΟΝΟΣ ΚΑΙ ΑΛΩΠΗΞ.	L'ANE ET LE RENARD.
Ὄνος ἐνδυσάμενος λεοντῆν[1]	*Un* Ane ayant-revêtu
περιῄει, ἐκφοϐῶν	*une peau* de-lion
τἆλλα[2] τῶν ζώων.	allait-çà-et-là, épouvantant
Καὶ δὴ θεασάμενος Ἀλώπεκα,	les-autres des animaux (les autres ani-
ἐπειρᾶτο δεδίττεσθαι	Et donc ayant-vu *un* Renard, [maux).
καὶ[3] ταύτην.	*il* tâchait d'effrayer
Δὲ ἡ	aussi celui-ci.
(γὰρ ἐτύγχανε[4]	Mais celui-ci
προακηκουῖα	(car *il* se-trouvait-par-hasard
	ayant-entendu-auparavant

V. — [1] Λεοντῆν, adj. pris substant. On peut l'expliquer en s.-entendant δοράν, peau, *pellem leoninam*. Λεοντῆ, ῆς, vient de l'adjectif λεόντεος, έη, ον.

[2] Τἆλλα τῶν ζώων, *les autres animaux*, les autres d'entre les animaux.—Voy. sur ce génitif, F. I, not. 2.—Τἆλλα, crase pour τὰ ἄλλα. (crase, de κρᾶσις, fusion, mélange ; de κεράννυμι, mélanger : fusion de deux voyelles, l'une finale, l'autre initiale.)

[3] Καὶ ταύτην, le Renard *aussi*. Voy. F. I, not. 3.

[4] Ἐτύγχανε προακηκουῖα, *il se trouvait avoir entendu auparavant*, etc.—Τυγχάνω, avec un participe, a le sens de : *se trouver par hasard* ; le participe se rend en français par l'infinitif.

FABLE V.

L'ANE ET LE RENARD.

Un Ane s'était revêtu de la peau d'un lion et parcourait le pays, épouvantant les autres animaux. Il aperçut le Renard et voulut l'effrayer aussi; mais celui-ci, qui par hasard avait entendu auparavant sa voix, lui dit : Sache bien que moi aussi j'aurais tremblé devant toi, si je ne t'avais entendu braire. »

MORALE.

Cette fable montre que certains ignorants qui semblent des personnages aux étrangers, se trahissent eux-mêmes par leur intempérance de langue.

αὐτοῦ φθεγξαμένου)	lui criant (braire)
ἔφη πρὸς αὐτόν·	dit à lui :
« Ἀλλ' ἴσθι εὖ ὡς ἐγὼ καὶ	« Mais sache bien que moi aussi
ἂν ἐφοβήθην 5 σε,	j'aurais-eu-peur de-toi,
εἰ μὴ ἤκουσα ὀγκωμένου. »	Si je n'avais-*pas*-entendu *toi* braire. »
Ἐπιμύθιον.	MORALE.
Ὁ μῦθος δηλοῖ	La fable montre [ignorants]
ὅτι ἔνιοι τῶν ἀπαιδεύτων 6,	que quelques-uns des ignorants (quelques
δοκοῦντες εἶναί τινες 8	semblant être quelques-uns (des person-
τοῖς ἔξω 7,	aux du-dehors (aux étrangers) [nages]
ἐλέγχονται	sont trahis
ὑπὸ τῆς ἰδίας γλωσσαλγίας.	par le (leur) propre bavardage.

---

5 Ἄν σε ἐφοβήθην, *j'aurais eu peur de toi*. Remarquez la force de ἄν; joint à l'indicatif ou à l'optatif, il donne au verbe le sens de notre conditionnel. — Ἐφοβήθην, aor. 1 indic. à la fois passif et moyen de φοβέω, — ῶ, — craindre : il est ici pris dans le sens du moyen.

6 Ἔνιοι τῶν ἀπαιδεύτων; *pour* ἔνιοι ἀπαίδευτοι. Voy. F. I, not. 2.

7 Τοῖς ἔξω, s.-entendu οὖσιν ἀνθρώποις, *aux hommes du dehors, aux étrangers*. L'article est souvent construit ainsi d'une manière elliptique avec des adverbes ; *ex.* οἱ τότε, les gens d'alors ; οἱ νῦν, les gens d'aujourd'hui.

8 Δοκοῦντές τινες εἶναι.—Nous disons de même en français : paraître *quelque chose*, sembler un personnage.

ΜΥΘΟΣ ς'—VI.

ΟΡΝΙΣ ΚΑΙ ΧΕΛΙΔΩΝ.

Ὄρνις, ὄφεως ᾠὰ εὑροῦσα, ἐπιμελῶς ἐκθερμάνασα, ἐξεκόλαψε [1]. Χελιδὼν δέ, θεασαμένη αὐτήν, ἔφη· « Ὦ ματαία, τί ταῦτα τρέφεις, ἅπερ αὐξηθέντα ἀπὸ σοῦ πρώτης τοῦ ἀδικεῖν [2] ἄρξεται [3]; »

Ἐπιμύθιον.

Ὁ μῦθος δηλοῖ ὅτι ἀτιθάσσευτός ἐστιν ἡ πονηρία, κἂν [4] τὰ μέγιστα [5] εὐεργετῆται.

ΜΥΘΟΣ ς'.	FABLE VI.
ΟΡΝΙΣ ΚΑΙ ΧΕΛΙΔΩΝ.	LA POULE ET L'HIRONDELLE.
Ὄρνις, εὑροῦσα	Une poule, ayant-trouvé
ᾠὰ ὄφεως,	des œufs de-serpent,
ἐκθερμάνασα ἐπιμελῶς,	les ayant-couvés soigneusement,
ἐξεκόλαψε 1.	les fit-éclore.
Δὲ Χελιδών, θεασαμένη αὐτήν,	Mais une Hirondelle, ayant-vu elle,
ἔφη 3. « Ὦ ματαία,	dit : « O insensée,

VI. — [1] Ἐξεκόλαψε, *les fit éclore.*—Le verbe ἐκκολάπτειν exprime très-bien l'action de la poule, quand elle fait éclore ses petits; il signifie proprement : *faire sortir (de l'œuf)* [ἐκ], *en frappant (avec son bec)* [κολάπτειν].

[2] Τοῦ ἀδικεῖν, génitif, complém. de ἄρξεται. L'infinitif accompagné de l'article est un véritable substantif, qui a tous les cas.

[3] Ἄρξεται, au sing., quoique le sujet soit au pluriel. Hellénisme ;

FABLE VI.

LA POULE ET L'HIRONDELLE.

Une Poule ayant trouvé des œufs de serpent, les couva avec soin et les fit éclore. Une Hirondelle qui la vit, s'écria : « Insensée, pourquoi nourris-tu des êtres qui en grandissant feront sur toi le premier essai de leur méchanceté ? »

MORALE.

Cette fable montre qu'on ne peut dompter une mauvaise nature, même par les plus grands bienfaits.

τί τρέφεις ταῦτα,	pourquoi nourris-*tu* ces *êtres*,
ἅπερ αὐξηθέντα	qui étant-devenus-grands
ἄρξεται 2 τοῦ ἀδικεῖν 3	commenceront à faire-du-mal
ἀπὸ σοῦ πρώτης ; »	par toi *la* première ? »
Ἐπιμύθιον.	MORALE.
Ὁ μῦθος δηλοῖ	La fable montre
ὅτι ἡ πονηρία	que la perversité
ἐστὶν ἀτιθάσσευτος, [γιστα 5.	est inapprivoisable,
κἂν 4 εὐεργετῆται τὰ μέ-	quand-même *elle* est-bien-traitée le plus.

---

les Grecs, quand le sujet est un pluriel neutre, mettent généralement le verbe au singulier. De très-bons auteurs ont toutefois dans ce même cas suivi la règle ordinaire d'accord.

4 Κἂν, crase pour καὶ ἄν. L'iota est élidé ; l'α de καί disparaît.— Voy. pour la *crase*, F. V, not. 2.

5 Τὰ μέγιστα, s.-ent. εὐεργετήματα. L'accusatif peut être construit avec le passif ; de même en latin, *docetur grammaticam*.

ΑΙΣΩΠΟΥ ΜΥΘΟΙ.

ΜΥΘΟΣ Ζ'—VII.

ΤΕΤΤΙΞ ΚΑΙ ΜΥΡΜΗΚΕΣ.

Χειμῶνος ὥρᾳ, τῶν σίτων βραχέντων[1], οἱ Μύρμηκες ἔψυχον[2]. Τέττιξ δὲ λιμώττων ᾔτει αὐτοὺς[3] τροφήν. Οἱ δὲ Μύρμηκες εἶπον αὐτῷ· « Διὰ τί τὸ θέρος οὐ συνῆγες τροφήν; » Ὁ δὲ[4] εἶπεν· « Οὐκ ἐσχόλαζον, ἀλλ' ᾖδον μουσικῶς. » Οἱ δὲ γελάσαντες εἶπον· « Ἀλλ' εἰ θέρους ὥραις ηὔλεις, χειμῶνος[5] ὀρχοῦ. »

Ἐπιμύθιον.

Ὁ μῦθος δηλοῖ ὅτι οὐ δεῖ τινα ἀμελεῖν ἐν παντὶ[6] πράγματι, ἵνα μὴ λυπηθῇ καὶ κινδυνεύσῃ.

(BABRIUS, Τέττιξ καὶ Μύρμηξ, [conservée incomplète par Dosithée];—
LA FONTAINE, I, 1.)

ΜΥΘΟΣ Ζ'.	FABLE VII.
ΤΕΤΤΙΞ ΚΑΙ ΜΥΡΜΗΚΕΣ.	LA CIGALE ET LES FOURMIS.
Ὥρᾳ χειμῶνος,	Dans-la-saison d'hiver,
τῶν σίτων βραχέντων[1],	les grains ayant-été-mouillés,
οἱ Μύρμηκες ἔψυχον[2].	les Fourmis *les* faisaient-sécher.
Δὲ Τέττιξ λιμώττων	Or *une* Cigale ayant-faim
ᾔτει αὐτοὺς[3] τροφήν.	demandait à-elles de-la-nourriture.
Δὲ οἱ Μύρμηκες εἶπον αὐτῷ·	Mais les Fourmis dirent à-elle :
« Διὰ τί	« Pour quoi
οὐ συνῆγες τροφὴν	ne ramassais-*tu pas* de-*la*-nourriture
τὸ θέρος; »	pendant-l'été? »
Δὲ ὁ[4] εἶπεν·	Mais celle-ci dit :

VII. — [1] Τῶν σίτων βραχέντων, propos. circonstancielle au génitif absolu. Voy. Fable II, not. 3.

[2] Ἔψυχον.—Complément direct s.-ent., τοὺς σίτους.—Le sens de cette phrase est celui-ci : « *Les Fourmis faisaient sécher leurs grains, qui avaient été mouillés.* » Ce passage s'explique par l'idée que les Anciens se faisaient des mœurs de la Fourmi. Nous trouvons la même chose dans Pline l'Ancien (*Histoire naturelle*, livre XI, chap. 36) : *Madefacta semina imbre Formicæ proferunt atque siccant*, c'est-à-dire : « *Si leurs grains viennent à être mouillés par la pluie, les Fourmis les tirent dehors et les font sécher.* »

[3] Ἤτει αὐτοὺς τροφήν.—Un grand nombre de verbes grecs se con-

FABLE VII.

LA CIGALE ET LES FOURMIS.

Pendant l'hiver, les Fourmis faisaient sécher leur grain mouillé. La Cigale affamée leur demanda de lui donner quelque nourriture. « Pourquoi, lui dirent-elles, n'en amassais-tu pas pendant l'été? » — « Je n'en avais pas le loisir, répondit-elle ; je chantais mélodieusement. » Les Fourmis répartirent en riant : « Si tu chantais durant l'été, danse pendant l'hiver. »

MORALE.

Cette fable montre qu'il ne faut être négligent en rien, sous peine de s'exposer aux chagrins et aux périls.

———o◇o———

« Οὐκ ἐσχόλαζον,	« Je n'avais-pas-le-loisir,
ἀλλ' ᾖδον μουσικῶς. »	mais *je* chantais mélodieusement. »
Δὲ οἱ γελάσαντες εἶπον·	Or celles-ci ayant-ri dirent :
« Ἀλλ' εἰ ᾖδεις	« Mais si *tu* chantais
ὥραις θέρους,	dans-la-saison d'été,
ὀρχοῦ χειμῶνος⁵. »	danse (dans la saison) d'hiver. »
Ἐπιμύθιον.	MORALE.
Ὁ μῦθος δηλοῖ	La fable montre
ὅτι οὐ δεῖ τινα	que *il* ne faut *pas* quelqu'un
ἀμελεῖν ἐν παντὶ⁶ πράγματι,	être-négligent en toute chose (en rien),
ἵνα μὴ λυπηθῇ	afin qu'*il* ne soit *pas* chagriné
καὶ κινδυνεύσῃ.	et qu'*il* ne soit *pas* en-danger.

---

struisent avec deux accusatifs, celui de la personne et celui de la chose ; ainsi on dira διδάσκω τοὺς παῖδας τὴν γραμματικήν, de même qu'en latin : *doceo pueros grammaticam.*

⁴ Ὁ δέ, *mais celui-ci*; ὁ dans le sens de οὗτος. Voy. F. IV, not. 3.

⁵ Χειμῶνος ὀρχοῦ, s.-ent. ὥραις, exprimé dans la propos. précédente. On peut encore expliquer χειμῶνος seul, car en grec on met souvent au génitif les mots qui expriment le temps : πέντε ἐτῶν, pendant cinq ans.

⁶ Ἐν παντὶ πράγματι, non pas : *dans toutes les choses*, mais, *dans une chose quelconque, en quoi que ce soit.*

ΜΥΘΟΣ Η'—VIII.

ΟΡΝΙΣ ΧΡΥΣΟΤΟΚΟΣ.

Ὀρνιθά τις εἶχεν ὠὰ χρυσᾶ τίκτουσαν. Καὶ νομίσας ἔνδον [1] αὐτῆς ὄγκον χρυσίου εἶναι, κτείνας εὕρηκεν ὁμοίαν [2] τῶν λοιπῶν ὀρνίθων. Ὁ δέ, ἀθρόον πλοῦτον ἐλπίσας εὑρήσειν [3], καὶ [4] τοῦ μικροῦ ἐστέρηται ἐκείνου.

Ἐπιμύθιον.

Ὁ μῦθος δηλοῖ ὅτι δεῖ τοῖς παροῦσιν [5] ἀρκεῖσθαι, καὶ τὴν ἀπληστίαν φεύγειν.

(Babrius, xcviii [123];—Avienus, 33;—Ignatius, 21;—La Fontaine, v, 13.)

ΜΥΘΟΣ Η'.	FABLE VIII.
ΟΡΝΙΣ ΧΡΥΣΟΤΟΚΟΣ.	LA POULE AUX ŒUFS D'OR.
Τὶς εἶχεν ὄρνιθα τίκτουσαν ὠὰ χρυσᾶ. Καὶ νομίσας ὄγκον χρυσίου εἶναι ἔνδον [1] αὐτῆς, κτείνας εὕρηκεν ὁμοίαν [2] τῶν λοιπῶν ὀρνίθων.	Quelqu'un avait *une* poule pondant *des* œufs d'or. Et ayant-pensé *une* masse d'or être dans-l'intérieur d'elle, l'ayant-tuée *il la* trouva semblable aux autres poules.

VIII. — [1] Ἔνδον αὐτῆς, dans l'intérieur de la poule. Ἔνδον, est un adverbe employé ici comme prépos. Il répond à ἐν, avec plus de force.

[2] Ὁμοίαν τῶν λοιπῶν. — Ὅμοιος, comme en latin, *similis*, se construit soit avec le génit., soit avec le datif. On le trouve plus fréquemment avec le dernier de ces deux cas.

[3] Ἐλπίσας εὑρήσειν.—En grec, de même qu'en latin, après un

FABLE VIII.

LA POULE AUX ŒUFS D'OR.

Un homme avait une poule qui pondait des œufs d'or. Croyant que son corps renfermait une masse d'or, il la tua et la trouva semblable aux autres poules. Ainsi il espérait acquérir une grande quantité de richesses, et il perdit même le peu qu'il possédait.

MORALE.

Cette fable montre que nous devons nous contenter des biens présents et ne pas être insatiables.

Δὲ ὁ, ἐλπίσας	Or celui-ci, ayant-espéré
εὑρήσειν 3 πλοῦτον ἀθρόον,	devoir-trouver *une* richesse abondante,
ἐστέρηται	fut-privé
καὶ 4 ἐκείνου τοῦ μικροῦ.	même de-celle-ci la petite.
Ἐπιμύθιον.	MORALE.
Ὁ μῦθος δηλοῖ ὅτι δεῖ	La fable montre que *il*-faut
ἀρκεῖσθαι τοῖς παροῦσιν 5,	se contenter des *biens* présents,
καὶ φεύγειν τὴν ἀπληστίαν.	et éviter l'insatiabilité.

---

verbe qui marque une idée d'avenir, comme ἐλπίζειν, *sperare*, et autres, on met le verbe qui dépend du premier au futur. Le français admet le présent : « j'espère venir demain. »

[4] Καὶ τοῦ μικροῦ, « *même du petit*, etc. » Καὶ dans le sens de *vel etiam*.

[5] Τοῖς παροῦσιν, s.-ent. πράγμασι ou χρήμασι : « se contenter *du présent*, des *biens présents*. »

ΜΥΘΟΣ Θ—IX.

ΚΟΛΟΙΟΣ ΚΑΙ ΠΕΡΙΣΤΕΡΑΙ.

Κολοιός, ἔν τινι περιστερεῶνι Περιστερὰς ἰδὼν καλῶς τρεφομένας, λευκάνας ἑαυτόν, ἦλθεν, ὡς καὶ αὐτὸς τῆς αὐτῆς διαίτης μεταληψόμενος. Αἱ δέ, μέχρι μὲν οὗ [1] ἡσύχαζεν, οἰόμεναι περιστερὰν αὐτὸν εἶναι, προςίεντο [2]. Ἐπεὶ δέ ποτε ἐκλαθόμενος ἐφθέγξατο, τηνικαῦτα τὴν αὐτοῦ γνοῦσαι φύσιν, ἐξήλασαν παίουσαι. Καὶ ὅς [3], ἀποτυχὼν τῆς ἐνταῦθα [4] τροφῆς, ἐπανῆκε πρὸς τοὺς κολοιοὺς πάλιν. Κἀκεῖνοι [5], διὰ τὸ χρῶμα αὐτὸν οὐκ ἐπιγνόντες, τῆς μεθ' αὑτῶν διαίτης ἀπεῖρξαν, ὥστε δυοῖν ἐπιθυμήσαντα μηδετέρας τυχεῖν.

ΜΥΘΟΣ Θ.	FABLE IX.
ΚΟΛΟΙΟΣ ΚΑΙ ΠΕΡΙΣΤΕΡΑΙ.	LE GEAI ET LES COLOMBES.
Κολοιός, ἰδὼν	Un Geai, ayant-vu
ἔν τινι περιστερεῶνι [νας,	dans un colombier
Περιστερὰς καλῶς τρεφομέ-	des Colombes bien nourries,
λευκάνας ἑαυτόν,	après s'être blanchi,
ἦλθεν, ὡς μεταληψόμενος	vint, comme devant-participer
καὶ αὐτὸς	aussi lui
τῆς αὐτῆς διαίτης.	au même genre-de-nourriture.
Δὲ αἱ,	Or celles-ci,
μὲν	à-la-vérité
μέχρι οὗ 1	jusque *au temps* où (tant que)
ἡσύχαζεν,	*il* se-tint-tranquille,
οἰόμεναι αὐτὸν εἶναι	croyant lui être

IX. — [1] Μέχρι... οὗ, comme ἄχρις οὗ. Voy. F. III, not. 5.
[2] Προσίεντο, l'admirent *parmi elles*. Sens du moyen.
[3] Καὶ ὅς pour καὶ αὐτός. L'adjectif relatif se met ainsi à la place du démonstratif après καί, ἀλλά et quelques autres particules.

FABLE IX.

LE GEAI ET LES COLOMBES.

Un Geai vit dans un colombier des Colombes bien nourries : après s'être blanchi, il y alla, désirant partager leur genre de vie. Tant qu'il resta muet, celles-ci, le prenant pour une de leurs semblables, l'admirent parmi elles. Mais un jour, par oubli, il se mit à crier; alors reconnaissant sa nature, les Colombes le chassèrent en le frappant à coups de bec. Le Geai, privé de la nourriture qu'il trouvait parmi elles, retourna vers ses pareils; mais ceux-ci ne le reconnurent pas à cause de sa couleur et ne lui permirent pas de partager leur nourriture, en sorte que, pour avoir désiré deux choses, il n'eut ni l'une ni l'autre.

περιστεράν, προςίεντο².	une colombe, l'admirent *parmi elles.*
Δὲ ἐπεί ποτε	Mais lorsque un-jour
ἐκλαθόμενος ἐφθέγξατο	s'étant oublié *il* cria,
τηνικαῦτα γνοῦσαι	alors ayant-connu
τὴν φύσιν αὐτοῦ,	la nature de-lui,
ἐξήλασαν παίουσαι.	elles le chassèrent *le* frappant.
Καὶ ὅς³, ἀποτυχὼν	Et celui-ci, ayant-perdu
τῆς τροφῆς ἐνταῦθα⁴,	la nourriture là (qu'il trouvait là),
ἐπανῆκε πάλιν πρὸς τοὺς Κο-λοιούς.	revint de nouveau vers les Geais.
Κἀκεῖνοι⁵,	Et ceux-ci,
οὐκ ἐπιγνόντες αὐτὸν	n'ayant-*pas*-reconnu lui
διὰ τὸ χρῶμα,	à-cause-de la couleur,
ἀπεῖρξαν τῆς διαίτης	l'écartèrent de-la nourriture
μεθ' ἑαυτῶν,	avec eux (qu'il aurait eue avec eux),
ὥστε ἐπιθυμήσαντα δυοῖν	de-sorte-que ayant-désiré deux *choses,*
τυχεῖν μηδετέρας.	n'avoir-eu ni-l'une-ni-l'autre.

---

⁴ Τῆς ἐνταῦθα τροφῆς, s.-ent. οὔσης. L'adverbe se joint souvent ainsi à l'article et devient une sorte d'adjectif.—Voy. F. V, not. 7.

⁵ Κἀκεῖνοι, crase pour καὶ ἐκεῖνοι. — Pour la *crase,* voy. Fable V, note 2.

’Επιμύθιον.

Ὁ μῦθος δηλοῖ ὅτι δεῖ καὶ ἡμᾶς τοῖς ἑαυτῶν[6] ἀρκεῖσθαι, λογιζομένους ὅτι ἡ πλεονεξία[7], πρὸς τῷ[8] μηδὲν ὠφελεῖν, ἀφαιρεῖται καὶ τὰ προσόντα πολλάκις.

(Phèdre, i, 3; — La Fontaine, iv, 9.)

’Επιμύθιον.	MORALE.
Ὁ μῦθος δηλοῖ ὅτι δεῖ καὶ ἡμᾶς ἀρκεῖσθαι τοῖς ἑαυτῶν[6],	La fable montre que *il* faut nous aussi nous contenter des *biens* de-nous-mêmes,

---

[6] Τοῖς ἑαυτῶν, pronom de la troisième personne, quoique ἡμᾶς, auquel il se rapporte, soit de la première. — Ἑαυτοῦ, et par contr. αὑτοῦ, s'emploie pour la première et pour la seconde personne, surtout quand il n'y a pas d'ambiguïté possible.

[7] Πλεονεξία, m. à m. envie d'avoir plus qu'un autre, soit en riches-

MORALE.

Cette fable montre que nous devons nous contenter de nos biens propres et réfléchir que la cupidité, outre qu'elle ne sert à rien, nous prive souvent même de ce que nous possédons.

λογιζομένους ὅτι ἡ πλεονεξία⁷,	réfléchissant que l'avidité,
πρὸς τῷ ⁸ ὠφελεῖν μηδέν,	outre le *n'être-utile à-rien*,
ἀφαιρεῖται πολλάκις	*nous* enlève souvent
καὶ τὰ προσόντα.	même les *biens* présents.

---

ses, soit en honneurs : de là les deux sens de *cupidité* et *d'ambition*.

⁸ Πρὸς τῷ μηδὲν ὠφελεῖν, m. à m. *outre le ne servir de rien*. L'infinitif précédé de l'article est un véritable substantif.—Τῷ ὠφελεῖν **au** datif, parce que πρός, dans le sens de *outre*, gouverne le datif.

ΜΥΘΟΣ Ι'—X.

ΛΥΚΟΣ ΚΑΙ ΓΕΡΑΝΟΣ.

Λύκου λαιμῷ ὀστέον ἐπεπήγει· ὁ δὲ Γεράνῳ μισθὸν παρέξειν εἶπεν, εἰ τὴν κεφαλὴν αὐτῆς ἐπιβαλοῦσα[1], τὸ ὀστοῦν ἐκ τοῦ λαιμοῦ αὐτοῦ ἐκβάλοι· Ἡ δέ, τοῦτ' ἐκβαλοῦσα, δολιχόδειρος[2] οὖσα, τὸν μισθὸν ἐπεζήτει. Ὅστις[3] γελάσας, καὶ τοὺς ὀδόντας θήξας, « Ἀρκεῖ σοι μισθός[4], ἔφη, τοῦτο καὶ μόνον, ὅτι ἐκ λύκου στόματος καὶ ὀδόντων ἐξεῖλες κάραν σώαν, καὶ μηδὲν παθοῦσαν. »

Ἐπιμύθιον.

Ὁ μῦθος πρὸς δολίους ἄνδρας, οἵτινες, ἀπὸ κινδύνου διασωθέντες, τοῖς εὐεργέταις τοιαύτας ἀπονέμουσι χάριτας.

(Babrius, lxxix [94];—Phèdre, i, 8;—Aphthon., 25;—La Fontaine, iii, 9.)

ΜΥΘΟΣ Ι'.	FABLE X.
ΛΥΚΟΣ ΚΑΙ ΓΕΡΑΝΟΣ.	LE LOUP ET LA GRUE.
Ὀστέον ἐπεπήγει	*Un* os s'était-fiché
λαιμῷ Λύκου·	dans-*le*-gosier *d'un* Loup;
δὲ ὁ εἶπεν Γεράνῳ	et celui-ci dit à-*une*-Grue
παρέξειν μισθόν,	devoir-donner *à elle une* récompense,
εἰ ἐπιβαλοῦσα [1]	si ayant-introduit
τὴν κεφαλὴν αὐτῆς,	la tête d'elle,
ἐκβάλοι τὸ ὀστοῦν	*elle* retirait l'os
ἐκ τοῦ λαιμοῦ αὐτοῦ.	du gosier de-lui.
Δὲ ἡ,	Or celle-ci,
οὖσα δολιχόδειρος [2],	étant pourvue-d'un-long-cou,
ἐκβαλοῦσα τοῦτο,	ayant-retiré celui-ci (cet os),
ἐπεζήτει τὸν μισθόν.	réclamait le salaire.

X. — 1 Ἐπιβαλοῦσα, rapproché de ἐκβαλοῦσα qui suit, montre combien l'adjonction d'une prépos., peut modifier le sens d'un verbe ; ἐπι-βαλοῦσα, mettant son cou *dans* le gosier, *in*-jiciens; ἐκ-βαλοῦσα, tirant son cou *hors*..., *ex*-trahens.

2 Δολιχόδειρος, *au long cou*, Rac. δολιχός, long, et δέρη, cou. Cet ad-

FABLE X.

LE LOUP ET LA GRUE.

Un os s'était arrêté dans le gosier d'un Loup : ce Loup promit à une Grue de lui donner une récompense, si, introduisant la tête dans son gosier, elle en retirait l'os. Après l'avoir extrait grâce à la longueur de son cou, la Grue réclamait son salaire ; alors le Loup, en riant et en aiguisant ses dents : « Tu as, dit-il, été suffisamment récompensée par cela seul que tu as retiré ta tête saine et sauve de la gueule et des dents d'un loup. »

MORALE.

Cette fable s'adresse aux hommes artificieux qui, après avoir été tirés du danger, se montrent reconnaissants de cette manière envers leurs bienfaiteurs.

Ὅστις ³ γελάσας,
καὶ θήξας τοὺς ὀδόντας,
ἔφη· « Τοῦτο καὶ μόνον,
ὅτι ἐξεῖλες
ἐκ στόματος καὶ ὀδόντων λύκαιναν σώαν [καὶ]
καὶ παθοῦσαν μηδέν,
ἀρκεῖ σοι μισθός ⁴. »
    Ἐπιμύθιον.
Ὁ μῦθος [προσήκει]
πρὸς ἄνδρας δολίους, [ὄντας,]
οἵτινες, διασωθέντες ἀπὸ κινδύνου,
ἀπονέμουσι τοῖς εὐεργέταις
τοιαύτας χάριτας.

Celui-ci ayant-ri,
et ayant-aiguisé les (ses) dents,
dit : « Ceci même seul,
que *tu* as-retiré
de *la*-gueule et *des*-dents *d'un*-loup
ta tête saine-et-sauve
et *n'*ayant souffert rien,
suffit à-toi *pour* récompense.
    MORALE.
La fable [s'adresse]
aux hommes perfides,
qui, ayant-été-sauvés du danger,
rendent aux (à leurs) bienfaiteurs
de-telles actions-de-grâce.

---

jectif rappelle la jolie expression de Phèdre : *Gulæque credens colli longitudinem.* (PHÈDRE, 1, 8.)

³ Ὅστις γελάσας, le relatif au lieu du démonstratif. On met de même souvent *qui* au commencement d'une phrase en latin.

⁴ Μισθός, apposition, qu'il faut rapporter à τοῦτο μόνον, « ceci te suffit, *pour récompense ;—comme récompense.* »

ΜΥΘΟΣ ΙΑ'—XI.

ΕΛΑΦΟΣ ΚΑΙ ΑΜΠΕΛΟΣ.

Ἔλαφος, κυνηγοὺς φεύγουσα, ὑπ' Ἀμπέλῳ ἐκρύβη. Παρελθόντων δ' ὀλίγον[1] ἐκείνων, ἡ Ἔλαφος, τελέως ἤδη[2] λαθεῖν δόξασα, τῶν τῆς Ἀμπέλου φύλλων[3] ἐσθίειν ἤρξατο. Τούτων δὲ σειομένων, οἱ κυνηγοὶ ἐπιστραφέντες, καί, ὅπερ ἦν ἀληθές, νομίσαντες τῶν ζώων ὑπὸ τοῖς φύλλοις τι κρύπτεσθαι, βέλεσιν[4] ἀνεῖλον τὴν Ἔλαφον. Ἡ δέ, θνήσκουσα, τοιαῦτ' ἔλεγε· «Δίκαια[5] πέπονθα· οὐ γὰρ ἔδει[6] τὴν σώσασάν με λυμαίνεσθαι.»

Ἐπιμύθιον.

Ὁ μῦθος δηλοῖ ὅτι οἱ ἀδικοῦντες τοὺς εὐεργέτας ὑπὸ Θεοῦ κολάζονται.

(PHÈDRE, I, 12; — LA FONTAINE, V, 15.)

ΜΥΘΟΣ ΙΑ'.	FABLE XI.
ΕΛΑΦΟΣ ΚΑΙ ΑΜΠΕΛΟΣ.	LA BICHE ET LA VIGNE.
Ἔλαφος, φεύγουσα κυνηγοὺς, ἐκρύβη ὑπ' Ἀμπέλῳ.	Une biche, fuyant des chasseurs, se-cacha sous une Vigne.
Δὲ ἐκείνων παρελθόντων ὀλίγον 1,	Mais ceux-ci ayant-passé-outre un-peu,
ἡ Ἔλαφος, δόξασα ἤδη 2 λαθεῖν τελέως,	la Biche, ayant-pensé désormais être-cachée parfaitement,
ἤρξατο ἐσθίειν τῶν φύλλων 3 τῆς Ἀμπέλου.	se-mit-à manger les feuilles de-la Vigne.
Δὲ τούτων σειομένων, οἱ κυνηγοὶ ἐπιστραφέντες, καὶ νομίσαντες	Mais celles-ci étant-remuées, les chasseurs s'étant-retournés, et ayant pensé

XI. — [1] Ὀλίγον, neutre de ὀλίγος, η, ον, employé adverbialement.

[2] Ἤδη λαθεῖν δόξασα, se croyant désormais à l'abri.—Souvent ἤδη s'emploie comme on emploie en Latin *jam*, dans le sens de : *dorénavant, désormais.*

[3] Τῶν... φύλλων, complément de ἐσθίειν. Ce génit., régime d'un verbe actif, s'explique par le mot μέρος, *partie*, s.-ent. Nous disons de même : manger *du* pain ; boire *de* l'eau.

FABLE XI.

LA BICHE ET LA VIGNE.

Une Biche poursuivie par des chasseurs, se cacha sous une Vigne. Lorsqu'ils furent passés un peu au delà, se croyant désormais parfaitement à l'abri, elle se mit à manger des feuilles de la Vigne. Mais en les voyant remuer, les chasseurs, qui s'étaient retournés, soupçonnèrent (ce qui était vrai), qu'il y avait là quelque animal caché, et tuèrent la Biche à coups de traits. Celle-ci en mourant s'écria : « Je suis justement punie, car je ne devais pas faire de mal à celle qui m'avait sauvée. »

MORALE.

Cette fable montre que Dieu punit ceux qui nuisent à leurs bienfaiteurs.

τὶ τῶν ζώων	quelqu'un des animaux (quelque animal)
κρύπτεσθαι ὑπὸ τοῖς φύλλοις,	être-caché sous les feuilles,
ὅπερ ἦν ἀληθές,	ce-qui était vrai,
ἀνεῖλον βέλεσιν⁴ τὴν Ἔλαφον.	tuèrent de-*leurs*-traits la Biche.
Δὲ ἡ, θνῄσκουσα,	Mais celle-ci, mourant,
ἔλεγε τοιαῦτα·	disait de-telles *paroles* :
« Πέπονθα δίκαια⁵·	« Je souffre de-justes *maux* !
γὰρ οὐκ ἔδει ὁ λυμαίνεσθαι	car *il* ne fallait *pas* maltraiter
τὴν σώσασάν με. »	la ayant-sauvé moi. » (ma libératrice).
Ἐπιμύθιον.	MORALE.
Ὁ μῦθος δηλοῖ	La fable montre
ὅτι οἱ ἀδικοῦντες τοὺς εὐερ-	que les *hommes* maltraitant les (leurs)
κολάζονται ὑπὸ Θεοῦ. [γέτας	sont-punis par Dieu. [bienfaiteurs

---

⁴ Βέλεσιν, « *avec leurs traits*. » Les Grecs mettent au datif le nom de l'instrument dont on se sert, tandis que les Latins le mettent à l'ablatif.

⁵ Δίκαια πέπονθα, s.-ent. παθήματα : « *j'endure des souffrances méritées.* »

⁶ Οὐ γὰρ ἔδει, etc. Construisez : γὰρ οὐκ ἔδει λυμαίνεσθαι τὴν (s.-ent. ἄμπελον) σώσασάν με.

ΜΥΘΟΣ ΙΒ'—XII.

ΚΥΩΝ ΚΑΙ ΑΛΕΚΤΡΥΩΝ ΚΑΙ ΑΛΩΠΗΞ.

Κύων καὶ Ἀλεκτρυών, ἑταιρείαν ποιησάμενοι, ὥδευον. Ἑσπέρας δὲ καταλαβούσης [1], ὁ μὲν Ἀλεκτρυὼν ἐπὶ δένδρου ἐκάθευδεν ἀναβάς, ὁ δὲ Κύων πρὸς τῇ ῥίζῃ [2] τοῦ δένδρου, κοίλωμα ἔχοντος. Τοῦ δὲ Ἀλεκτρυόνος κατὰ τὸ εἰωθὸς [3] νύκτωρ φωνήσαντος, Ἀλώπηξ ἀκούσασα πρὸς αὐτὸν ἔδραμε, καὶ στᾶσα κάτωθεν, πρὸς ἑαυτὴν κατελθεῖν ἠξίου· ἐπιθυμεῖν [4] γὰρ ἀγαθὴν οὕτω φωνὴν ζῶον ἔχον ἀσπάσασθαι. Τοῦ δὲ εἰπόντος τὸν θυρωρὸν πρότερον διυπνίσαι, ὑπὸ τὴν ῥίζαν [5] καθεύδοντα, ὡς

ΜΥΘΟΣ ΙΒ'. ΚΥΩΝ ΚΑΙ ΑΛΕΚΤΡΥΩΝ ΚΑΙ ΑΛΩΠΗΞ.	FABLE XII. LE CHIEN ET LE COQ ET LE RENARD.
Κύων καὶ Ἀλεκτρυών, [ὂν. ποιησάμενοι ἑταιρείαν, ὥδευ- Δὲ ἑσπέρας καταλαβούσης [1], μὲν ὁ Ἀλεκτρυὼν ἀναβὰς ἐπὶ δένδρου ἐκάθευδεν, δὲ ὁ Κύων πρὸς τῇ ῥίζῃ [2] τοῦ δένδρου, ἔχοντος κοίλωμα. Δὲ τοῦ Ἀλεκτρυόνος	Un Chien et un Coq, ayant-fait société, cheminaient. Mais le soir étant-survenu, d'un-côté le Coq étant-monté sur un arbre dormait, de-l'autre-côté le Chien dormait à la racine de l'arbre, ayant une cavité. Mais le Coq

---

XII.—[1] Ἑσπέρας καταλαβούσης, « *le soir étant arrivé;* »—καταλαμβάνω, outre le sens de *saisir, surprendre*, a le sens intransitif de *survenir, arriver*.

[2] Πρὸς τῇ ῥίζῃ, *sous la racine*, et non : *auprès de la racine*. C'est dans un creux formé par les racines de l'arbre que le Renard se retire.

[3] Τὸ εἰωθός, participe neutre, employé comme un substantif. Cette expression répond au latin : *secundùm consuetudinem*.

FABLE XII.

LE CHIEN, LE COQ ET LE RENARD.

Un Chien et un Coq, ayant fait société, voyageaient de compagnie. Lorsque le soir les surprit, le Coq monta sur un arbre où il s'endormit, et le Chien se coucha dans une cavité que formaient les racines. Pendant la nuit, le Coq chanta selon sa coutume; un Renard qui l'entendit accourut, et se plaçant au pied de l'arbre, le pria de descendre: il désirait, assurait-il, embrasser un animal qui avait une si belle voix. Le Coq lui dit d'éveiller d'abord le portier qui était couché sous les racines

---

φωνήσαντος νύκτωρ	ayant-chanté pendant-la-nuit
κατὰ τὸ εἰωθός 3,	selon le habituel (selon sa coutume),
Ἀλώπηξ ἀκούσασα	un Renard l'ayant-entendu
ἔδραμε πρὸς αὐτόν,	accourut vers lui,
καὶ στᾶσα κάτωθεν,	et s'étant-placé d'en-bas,
ἠξίου κατελθεῖν	le priait de-descendre
πρὸς ἑαυτήν·	vers lui-même;
γὰρ ἐπιθυμεῖν 4	car désirer (disant qu'il désirait)
ἀσπάσασθαι ζῶον	embrasser un animal
ἔχον φωνὴν οὕτω ἀγαθήν.	ayant une voix si bonne (si belle).
Δὲ τοῦ εἰπόντος (ρόν,	Mais celui-ci lui ayant dit
διυπνίσαι πρότερον τὸν θυρω-	d'éveiller auparavant le portier,
καθεύδοντα ὑπὸ τὴν ῥίζαν 5,	dormant sous la racine,

---

4 Ἐπιθυμεῖν γὰρ... etc. — Devant toute cette proposition, sous-entendez λέγουσα, *disant*, dont l'idée est comprise dans le verbe ἠξίου, qui précède. Cette ellipse est fréquente dans le style indirect.

5 Ὑπὸ τὴν ῥίζαν. — On ne construit ordinairement ὑπὸ avec l'accus. que lorsqu'il y a mouvement; le contraire est très-rare, surtout en prose.

ἐκείνου ἀνοίξαντος κατελθεῖν, κἀκείνης⁶ ζητούσης αὐτὸν φωνῆσαι, ὁ Κύων, αἴφνης πηδήσας, αὐτὴν διεσπάραξεν.

'Επιμύθιον.

Ὁ μῦθος δηλοῖ ὅτι οἱ φρόνιμοι τῶν ἀνθρώπων τοὺς ἐχθροὺς, ἐπελθόντας πρὸς ἰσχυροτέρους πέμπουσι παραλογιζόμενοι⁷.

(La Fontaine, ii, 15.)

———o—◇—o———

ὡς κατελθεῖν	pour descendre
ἐκείνου ἀνοίξαντος,	celui-ci ayant-ouvert,
κἀκείνης ⁶ ζητούσης	et celui-ci cherchant
φωνῆσαι αὐτόν,	à-appeler lui,
ὁ Κύων, πηδήσας αἴφνης,	le Chien, s'étant-élancé subitement,
διεσπάραξεν αὐτήν.	mit-en-pièces lui.

---

⁶ Κἀκείνης, crase pour καὶ ἐκείνης. Voy. F. V, not. 2.
⁷ Παραλογιζόμενοι, *trompant.* — Λογίζεσθαι, *raisonner*; παραλογί-

afin qu'il pût descendre quand celui-ci lui aurait ouvert, et comme le Renard cherchait à l'appeler, le Chien, s'élançant tout-à-coup, le mit en pièces.

MORALE.

Cette fable montre que les hommes prudents trompent leurs ennemis et les envoient à de plus forts qu'eux.

Ἐπιμύθιον.	MORALE.
Ὁ μῦθος δηλοῖ	La fable montre [sensés]
ὅτι οἱ φρόνιμοι τῶν ἀνθρώπων	que les sensés des hommes (les hommes
παραλογιζόμενοι 7	*les* trompant
πέμπουσι πρὸς ἰσχυροτέρους	envoient vers de-plus-forts
τοὺς ἐχθροὺς ἐπελθόντας.	les ennemis attaquant (qui les attaquent).

ζεσθαι, *faire un faux raisonnement* pour tromper quelqu'un, puis absolument : *tromper*. Sur le sens de παρά en composition, voy. F. IV, not. 8.

2.

ΜΥΘΟΣ ΙΓ'—XIII.
ΛΕΩΝ ΚΑΙ ΟΝΟΣ ΚΑΙ ΑΛΩΠΗΞ.

Λέων, καὶ Ὄνος, καὶ Ἀλώπηξ, κοινωνίαν ποιησάμενοι, ἐξῆλθον πρὸς ἄγραν. Πολλῆς οὖν θήρας συλληφθείσης, προσέταξεν ὁ Λέων τῷ Ὄνῳ διελεῖν[1] αὐτοῖς. Ὁ δέ, τρεῖς μερίδας ποιησάμενος ἐκ τῶν ἴσων[2], ἐκλέξασθαι τούτους προὐτρέπετο[3]. Καὶ ὁ Λέων θυμωθεὶς[4] τὸν Ὄνον κατέφαγεν. Εἶτα τῇ Ἀλώπεκι[5] μερίζειν ἐκέλευσεν. Ἡ δ' εἰς μίαν μερίδα πάντα σωρεύσασα, ἑαυτῇ βραχύ τι κατέλιπε. Καὶ ὁ Λέων πρὸς αὐτήν· « Τίς σε, ὦ βελτίστη, διαιρεῖν οὕτως ἐδίδαξεν;» Ἡ δ' εἶπεν· « Ἡ τοῦ Ὄνου συμφορά. »

Ἐπιμύθιον.

Ὁ μῦθος δηλοῖ ὅτι σωφρονισμοὶ γίνονται τοῖς ἀνθρώποις τὰ τῶν πέλας[6] δυστυχήματα.

(BABRIUS, LVI [67];—PHÈDRE, I, 5;—IGNATIUS, 38;—LA FONTAINE, I, 7.)

ΜΥΘΟΣ ΙΓ'.	FABLE XIII.
ΛΕΩΝ ΚΑΙ ΟΝΟΣ ΚΑΙ ΑΛΩΠΗΞ.	LE LION ET L'ANE ET LE RENARD.
Λέων, καὶ Ὄνος, καὶ Ἀλώ πεποιησάμενοι κοινωνίαν, (πηξ,	Un Lion et un Ane et un Renard, ayant fait société,
ἐξῆλθον πρὸς ἄγραν.	partirent à la-chasse.
Οὖν θήρας πολλῆς συλληφθείσης,	Donc du gibier en-grande-quantité ayant-été-pris,
ὁ Λέων προσέταξε τῷ Ὄνῳ διελεῖν[1] αὐτοῖς.	le Lion ordonna à-l'Ane de le partager à-eux.
Δὲ ὁ,	Or celui-ci,
ποιησάμενος τρεῖς μερίδας ἐκ τῶν ἴσων[2], (σθαι.	ayant-fait trois parts par les parts égales (également),
προὐτρέπετο[3] τούτους ἐκλέξα-	invitait ceux-ci à choisir.
Καὶ ὁ Λέων θυμωθεὶς[4] κατέφαγε τὸν Ὄνον.	Et le Lion s'étant-mis-en-colère dévora l'Ane.
Εἶτα ἐκέλευσε τῇ Ἀλώπεκι[5]	Ensuite il ordonna au Renard

XIII. — 1 Διελεῖν, s.-ent. τὴν θήραν, compl. direct.

2 Ἐκ τῶν ἴσων, s.-ent. μερίδων, *ex æquis partibus*, *ex æquo*, en parties égales.

3 Προὐτρέπετο, pour προ-ἐτρέπετο; contract. de l'o final avec l'augment syllabique.

4 Θυμωθείς, «ayant été rendu furieux,» partic. aor. 1 passif de θυμόω — ῶ.— Remarquez ces verbes en οω, qui répondent à nos verbes

FABLE XIII.

LE LION, L'ANE ET LE RENARD.

Le Lion, l'Ane et le Renard s'associèrent et partirent pour la chasse. Après qu'ils eurent pris beaucoup de gibier, le Lion ordonna à l'Ane de faire le partage. Celui-ci fit trois portions égales et invita ses associés à choisir; mais le Lion irrité le dévora. Ensuite il ordonna au Renard de faire les parts à son tour. Celui-ci mit d'un côté tout le butin, ne s'en réservant qu'une très-petite portion. Le Lion lui dit : « Qui t'a appris, mon cher, à partager ainsi ? » — « C'est, répondit-il, le malheur arrivé à l'Ane. »

MORALE.

Cette fable montre que les malheurs du prochain servent de leçons aux hommes.

———◇———

μερίζειν.	de faire-le-partage.
Δὲ ἡ	Mais celui-ci
σωρεύσασα πάντα	ayant-amoncelé tout (le gibier)
εἰς μίαν μερίδα,	dans une seule portion,
κατέλιπέ τι βραχὺ	laissa quelque-chose d'exigu
ἑαυτῇ.	pour-lui-même.
Καὶ ὁ Λέων πρὸς αὐτήν·	Et le Lion [dit] à lui :
« Ὦ βελτίστη,	« O très-bon,
τίς ἐδίδαξέ σε	qui a-enseigné à-toi
διαιρεῖν οὕτως; »	à partager ainsi ? »
Δὲ ἡ εἶπεν·	Et celui-ci dit :
« Ἡ συμφορὰ τοῦ Ὄνου. »	« C'est le malheur de l'Ane. »
Ἐπιμύθιον.	MORALE.
Ὁ μῦθος δηλοῖ	La fable montre
ὅτι τὰ δυστυχήματα	que les infortunes
τῶν πέλας (ὀρώποις)	des étant-près (du prochain)
γίνονται σωφρονισμοὶ τοῖς ἀν-	sont des leçons pour-les hommes.

rendre, faire; δηλόω, je rends clair; πολεμόω, je rends ennemi, etc

[5] Τῇ Ἀλώπεκι. — Il serait plus correct de mettre ici l'accusatif. Dans les bons auteurs, κελεύω ne s'emploie avec le datif que dans le sens de *donner des encouragements*; ainsi : κελεύειν τοῖς στρατιώταις, « exhorter les soldats, » mais non quand il est construit avec un infinitif.

[6] Τὰ τῶν πέλας, s. ent. ὄντων. Remarquons pour la dernière fois

ΜΥΘΟΣ ΙΔ'—XIV.

ΚΥΝΟΔΗΚΤΟΣ.

Δηχθείς τις ὑπὸ κυνὸς τὸν ἰασόμενον περιῄει ζητῶν. Ἐντυχὼν δέ τις αὐτῷ, καὶ γνοὺς ὃ ζητεῖ· « Ὦ οὗτος[1], εἶπεν, εἰ σώζεσθαι βούλει[2], λαβὼν ἄρτον, καὶ τούτῳ τὸ αἷμα τῆς πληγῆς ἐκμάξας, τῷ δακόντι κυνὶ φαγεῖν ἐπίδος. » Κἀκεῖνος γελάσας ἔφη· « Ἀλλ' εἰ τοῦτο ποιήσω[3], δεήσει[4] με ὑπὸ πάντων τῶν ἐν τῇ πόλει κυνῶν δηχθῆναι. »

Ἐπιμύθιον.

Ὁ μῦθος δηλοῖ ὅτι καὶ τῶν ἀνθρώπων οἱ πονηροὶ εὐεργετούμενοι μᾶλλον ἀδικεῖν παροξύνονται.

(Phèdre, II, 3.)

ΜΥΘΟΣ ΙΔ'.	FABLE XIV.
ΚΥΝΟΔΗΚΤΟΣ.	L'HOMME MORDU PAR UN CHIEN.
Τὶς	Un-certain-homme
δηχθεὶς ὑπὸ κυνὸς	ayant-été-mordu par un chien
περιῄει ζητῶν	errait-çà-et-là cherchant
τὸν ἰασόμενον.	le devant-guérir (quelqu'un qui le guérît).
Δέ τις ἐντυχὼν αὐτῷ,	Mais quelqu'un ayant-rencontré lui,
καὶ γνοὺς ὃ ζητεῖ·	et ayant-appris ce-qu'*il* cherche
« Ὦ οὗτος 1, εἶπεν,	« O toi, dit-il,
εἰ βούλει 2 σώζεσθαι,	si *tu* veux être-sauvé,
λαβὼν ἄρτον,	ayant-pris *du* pain,
καὶ ἐκμάξας τούτῳ	et ayant-essuyé avec-celui-ci
τὸ αἷμα τῆς πληγῆς,	le sang de-la blessure,

---

cette ellipse si fréquente en grec avec un adverbe. — Οἱ πέλας répond à notre expression : *le prochain*.

XIV. — 1 Ὦ οὗτος. — On se sert ainsi de l'adjectif démonstr. οὗτος pour appeler quelqu'un sans le nommer, comme on dit en latin, *heus tu !* En français on dit familièrement dans le même sens, *l'homme ! la femme !*

2 Βούλει, pour βούλῃ, 2ᵉ personne sing. de βούλομαι.—La forme or-

FABLE XIV.

L'HOMME MORDU PAR UN CHIEN.

Un homme qu'un chien avait mordu errait çà et là cherchant quelqu'un qui pût le guérir. Un autre homme qui le rencontra, ayant su ce qu'il cherchait, lui dit : « Si tu veux te guérir, mon ami, prends du pain, trempe-le dans le sang de ta plaie et donne-le à manger au chien qui t'a mordu. » Il répondit en riant : « Si je fais cela, je serai assurément mordu par tous les chiens de la ville. »

MORALE.

Cette fable montre que de même les hommes méchants, quand on leur fait du bien, n'en sont que plus excités à nuire.

ἐπίδος φαγεῖν	donne-le à-manger
τῷ κυνὶ δακόντι. »	au chien t'ayant-mordu. »
Κἀκεῖνος γελάσας, ἔφη·	Et-celui-ci ayant-ri dit :
« Ἀλλ' εἰ ποιήσω 3 τοῦτο,	« Mais si je ferai cela,
δεήσει 4 με δηχθῆναι	il-faudra moi être-mordu
ὑπὸ πάντων τῶν κυνῶν	par tous les chiens
ἐν τῇ πόλει. »	dans la ville (qui sont dans la ville).
Ἐπιμύθιον.	MORALE.
Ὁ μῦθος δηλοῖ	La fable montre
ὅτι καὶ οἱ πονηροὶ	que aussi les méchants
τῶν ἀνθρώπων	des hommes (d'entre les hommes)
εὐεργετούμενοι	étant-comblés-de-bienfaits
παροξύνονται μᾶλλον ἀδικεῖν.	sont-excités davantage à-nuire.

---

dinaire de cette seconde personne est en ῃ; trois seulement, outre celle que nous citons, se terminent en ει : οἴει, de οἴομαι, je pense; ὄψει, de ὄψομαι, je verrai, fut. d'ὁράω et εἶ de εἰμί, je suis.

3 Εἰ..... ποιήσω, m. à. m., si je ferai. Les Latins disent de même : « Si librum leges, etc. » En français, nous ne pouvons mettre le futur après si.

4 Δεήσει με.... etc.—Δεήσει ne marque pas ici obligation, devoir· il signifie : « il arrivera nécessairement que, etc. »

ΜΥΘΟΣ ΙΕ'—XV.

ΚΩΝΩΨ ΚΑΙ ΛΕΩΝ.

Κώνωψ, πρὸς Λέοντα ἐλθών, εἶπεν· « Οὐδὲ φοβοῦμαί σε, οὐδὲ δυνατώτερός μου[1] εἶ· εἰ δὲ μή[2], τίς σοί ἐστιν ἡ δύναμις; ὅτι ξύεις τοῖς ὄνυξι, καὶ δάκνεις τοῖς ὀδοῦσι; τοῦτο καὶ γυνὴ τῷ ἀνδρὶ[3] μαχομένη ποιεῖ. Ἐγὼ δὲ λίαν ὑπάρχω σου ἰσχυρότερος. Εἰ δὲ θέλεις, ἔλθωμεν καὶ εἰς πόλεμον. » Καὶ σαλπίσας[4] ὁ Κώνωψ ἐνεπήγετο, δάκνων τὰ περὶ τὰς ῥῖνας αὐτοῦ ἄτριχα πρόσωπα. Ὁ δὲ Λέων τοῖς ἰδίοις ὄνυξι κατέλυεν ἑαυτόν, ἕως οὗ[5] ἠγανάκτησεν. Ὁ Κώνωψ δέ, νικήσας τὸν Λέοντα, καὶ σαλπίσας[6],

---

ΜΥΘΟΣ ΙΕ'.	FABLE XV.
ΚΩΝΩΨ ΚΑΙ ΛΕΩΝ.	LE MOUCHERON ET LE LION.
Κώνωψ, ἐλθὼν πρὸς Λέοντα,	Un Moucheron, étant-venu près d'un [Lion,
εἶπεν·	lui dit :
« Οὐδὲ φοβοῦμαί σε,	« Et je ne crains pas toi,
οὐδὲ εἰ δυνατώτερός μου[1]·	et tu n'es pas plus-puissant que-moi;
εἰ δὲ μή[2],	sinon (s'il en est autrement),
τίς ἡ δύναμίς ἐστί σοι;	quelle puissance est à-toi?
ὅτι ξύεις τοῖς ὄνυξι,	que tu écorches avec-les griffes,
καὶ δάκνεις τοῖς ὀδοῦσι;	et que tu mords avec-les dents?
Καὶ γυνὴ	Même une femme
μαχομένη τῷ ἀνδρὶ[3]	se-battant avec-son mari
ποιεῖ τοῦτο.	fait cela.
Δὲ ἐγὼ ὑπάρχω	Mais je me-trouve-être (je suis)

XV. — [1] Δυνατώτερός μου. — Le complément du comparatif, qui se met en latin à l'ablatif, se met au génitif en grec; *major fratre*; μείζων ἀδελφοῦ.

[2] Εἰ δὲ μή, phrase elliptique pour : εἰ τοῦτο μὴ ἔστιν οὕτως, si cela n'est pas ainsi ; *sinon*.

[3] Τῷ ἀνδρί, « *avec son mari.* » Si le sens était : *avec un homme*, ἀνδρί ne serait pas précédé de l'article.

FABLE XV.

LE MOUCHERON ET LE LION.

Un Moucheron s'approcha d'un Lion et lui dit: « Je ne te crains pas et tu n'es pas plus puissant que moi : en effet, en quoi consiste ta force? Tu déchires avec tes ongles et tu mords avec tes dents? Une femme même qui se bat avec son mari en fait autant. Pour moi, je suis bien plus fort que toi. Si tu le veux, luttons ensemble. » Aussitôt, sonnant la charge, le Moucheron se jeta sur son ennemi, lui mordant le tour des naseaux et les parties de la face qui sont dégarnies de poils. Le Lion, lui, se déchirait de ses propres griffes, jusqu'à ce qu'il entra en fureur. Alors le Moucheron vainqueur, après avoir sonné la retraite et entonné le chant de triomphe, s'en-

---

λίαν ἰσχυρότερός σου.	beaucoup plus-fort que-toi.
Δὲ εἰ θέλεις,	Et si *tu* veux,
ἔλθωμεν καὶ εἰς πόλεμον. »	entrons même en guerre. »
Καὶ ὁ Κώνωψ σαλπίσας [4]	Et le Moucheron ayant-sonné-de-la-trom-
ἐνεπήγετο,	se-jeta *sur le Lion*, [pette
δάκνων τὰ πρόσωπα	mordant les faces (les parties de la face)
ἄτριχα	non-garnies-de-poils
περὶ τὰς ῥῖνας αὐτοῦ.	autour des naseaux de lui.
Δὲ ὁ Λέων κατέλυεν ἑαυτὸν	Mais le Lion déchirait lui-même
τοῖς ὄνυξιν ἰδίοις,	avec-*ses* griffes propres,
ἕως οὗ [5] ἠγανάκτησε.	jusqu'à ce que *il* fut-en-fureur.
Δὲ ὁ Κώνωψ,	Mais le Moucheron,
νικήσας τὸν Λέοντα,	ayant-vaincu le Lion,
καὶ σαλπίσας [6],	et ayant-sonné-de-la-trompette,

---

[4] Σαλπίσας, « *ayant sonné de la trompette* » (dans ce premier cas, pour sonner la charge), plus bas, le même mot, sonner de la trompette (pour la retraite).

[5] Ἕως οὗ, elliptique pour : ἕως τοῦ χρόνου ἕως οὗ, *jusqu'au temps où*.....

[6] Σαλπίσας. — Voy. note 4.

καὶ ἐπινίκιον ᾄσας, ἔπτατο. Ἀράχνης δὲ δεσμῷ ἐμπλακεὶς, ἐσθιόμενος ἀπωδύρετο, ὅτι μεγίστοις[7] πολεμῶν, ὑπὸ εὐτελοῦς ζώου, τῆς Ἀράχνης[8], ἀπώλετο.

Ἐπιμύθιον.

Ὁ μῦθος[9] πρὸς τοὺς καταβάλλοντας μεγάλους, καὶ ὑπὸ μικρῶν καταβαλλομένους.

(La Fontaine, ii, 9.)

καὶ ᾄσας ἐπινίκιον,	et ayant-chanté *un* chant-de-victoire,
ἔπτατο.	s'envola.
Δὲ ἐμπλακεὶς	Mais ayant-été-enveloppé
δεσμῷ ἀράχνης,	dans-le filet d'*une* araignée,
ἐσθιόμενος ἀπωδύρετο,	étant-dévoré *il* se-lamentait [*animaux*
ὅτι πολεμῶν μεγίστοις [7],	de-ce-que combattant les-plus-grands

---

[7] Μεγίστοις, *s.-ent.* πολεμίοις, *ennemis*, ou θηρίοις, *animaux*.

vola. Mais une Araignée le prit dans sa toile : tandis qu'elle le dévorait, il se lamentait d'être tué par un misérable insecte, par une Araignée, lui qui avait fait la guerre aux plus puissants des animaux.

MORALE.

Cette fable s'adresse à ceux qui renversent les grands et sont renversés par les petits.

ἀπώλετο ὑπὸ ζώου εὐτελοῦς, τῆς Ἀράχνης 8.	*il* était-tué par *un* animal vil, l'Araignée.
Ἐπιμύθιον.	MORALE.
Ὁ μῦθος 9 [γάλους, πρὸς τοὺς καταβάλλοντας με- καὶ καταβαλλομένους ὑπὸ [μικρῶν.	La fable *s'adresse* aux (hommes) renversant *des* grands, et étant-renversés par *des* petits.

---

8 Τῆς Ἀράχνης, apposition à ζώου, et par conséquent au génitif.
9 Ὁ μῦθος, etc., sous-ent. προσήκει.

ΜΥΘΟΣ Ις'—XVI.

ΚΥΩΝ ΚΑΙ ΛΥΚΟΣ.

Κύων πρὸ ἐπαύλεώς τινος ἐκάθευδε. Λύκου δ' ἐπιδραμόντος καὶ βρῶμα[1] μέλλοντος θύσειν[2] αὐτόν, ἐδεῖτο μὴ νῦν αὐτὸν καταθῦσαι· « Νῦν μὲν γάρ, φησί, λεπτός εἰμι καὶ ἰσχνός· ἂν[3] δὲ μικρὸν ἀναμείνῃς, μέλλουσιν οἱ ἐμοὶ δεσπόται ποιήσειν γάμους, κἀγὼ[4] τηνικαῦτα, πολλὰ φαγών, πιμελέστερος ἔσομαι, καί σοι ἡδύτερον βρῶμα γενήσομαι. » Ὁ μὲν οὖν Λύκος πεισθεὶς ἀπῆλθε. Μεθ' ἡμέρας δ' ἐπανελθὼν εὗρεν ἄνω ἐπὶ τοῦ δώματος τὸν Κύνα καθεύδοντα, καὶ στὰς κάτωθεν πρὸς ἑαυτὸν

ΜΥΘΟΣ Ις'.	FABLE XVI.
ΚΥΩΝ ΚΑΙ ΛΥΚΟΣ.	LE CHIEN ET LE LOUP.
Κύων ἐκάθευδε	*Un* Chien dormait
πρό τινος ἐπαύλεως.	devant une ferme.
Δὲ Λύκου ἐπιδραμόντος	Mais *un* Loup étant-accouru
καὶ μέλλοντος θύσειν[2] αὐτὸν	et étant-sur-le-point d'immoler lui
βρῶμα[1], [αὐτόν·	*comme* nourriture,
ἐδεῖτο μὴ καταθῦσαι νῦν	il le priait *de* ne-pas tuer maintenant lui :
« Γὰρ μέν, φησί,	« Car à-la-vérité, dit-il,
εἰμὶ νῦν λεπτὸς καὶ ἰσχνός·	*je* suis maintenant mince et maigre;
δὲ ἂν[3] ἀναμείνῃς μικρόν,	mais si *tu* attends un-peu,
οἱ ἐμοὶ δεσπόται	les miens maîtres (mes maîtres)
μέλλουσι ποιήσειν	sont-sur-le-point *de* faire

XVI. — **1** Βρῶμα doit être expliqué comme apposition à αὐτόν; m. à m. « étant sur le point de le tuer, *comme nourriture* pour lui. »

2 Μέλλοντος θύσειν. — Μέλλειν, contenant toujours une idée de futur peut être construit avec le futur. Il est souvent suivi du présent.

FABLES D'ÉSOPE.

FABLE XVI.

LE CHIEN ET LE LOUP.

Un Chien dormait devant une étable; un Loup accourut et allait le tuer pour le dévorer. Il le pria de ne pas le mettre à mort tout de suite; « Car, dit-il, dans ce moment je suis maigre et décharné; mais si tu attends un peu, mes maîtres vont faire une noce, et alors, comme j'aurai beaucoup mangé, je deviendrai gras et je serai pour toi une nourriture plus agréable. » Le Loup se laissa persuader et s'en alla. Peu de temps après il revint et trouva le Chien couché sur le toit de la mai-

---

νάμους.	des noces,
κἀγὼ⁴ τηνικαῦτα,	et-moi alors
φαγὼν πολλά,	ayant-mangé beaucoup,
ἔσομαι πιμελέστερος,	je serai plus-gras,
καὶ γενήσομαί σοι	et je deviendrai pour-toi
βρῶμα ἡδύτερον. »	une nourriture plus-agréable. »
Οὖν μὲν ὁ Λύκος	Donc à-la-vérité le Loup
πεισθεὶς ἀπῆλθε.	ayant-été-persuadé s'en-alla.
Δὲ μεθ' ἡμέρας	Mais après des jours (quelques jours)
ἐπανελθὼν εὗρεν	étant-revenu il trouva
τὸν Κύνα καθεύδοντα ἄνω	le Chien dormant en-haut
ἐπὶ τοῦ δώματος,	sur la maison, [bas
καὶ στὰς ἐκάλει κάτωθεν	et se-tenant-debout, il l'appelait d'en-
πρὸς ἑαυτόν,	vers lui-même,

---

3 Ἂν δὲ....—Lorsque ἄν commence une proposition il signifie *si*, et a la même valeur que la conjonction ἐάν (εἰ ἄν) dont il est une abréviation.

4 Κἀγώ, pour καὶ ἐγώ; crase. Voy. fable V, not. 2.

ἐκάλει, ὑπομιμνήσκων⁵ αὐτὸν τῶν συνθηκῶν. Καὶ ὁ Κύων⁶ « Ἀλλ', ὦ Λύκε, εἰ τὸ ἀπὸ τοῦδε⁷ πρὸ τῆς ἐπαύλεώς με ἴδοις καθεύδοντα, μηκέτι⁸ γάμους ἀναμείνῃς. »

Ἐπιμύθιον.

Ὁ μῦθος δηλοῖ ὅτι οἱ φρόνιμοι τῶν ἀνθρώπων, ὅταν περί τι κινδυνεύσαντες σωθῶσι, διὰ βίου τοῦτο φυλάττονται.

(La Fontaine, ix, 10.)

---o-◇-o---

ὑπομιμνήσκων ⁵ αὐτὸν τῶν	rappelant à-lui les conventions.
Καὶ ὁ Κύων ⁶· [συνθηκῶν.	Et le Chien *dit* :
« Ἀλλ', ὦ Λύκε,	« Mais, ô Loup,
εἰ τὸ ἀπὸ τοῦδε ⁷	si à-partir-de ce *moment*
ἴδοις με καθεύδοντα	*tu* vois moi dormant
πρὸ τῆς ἐπαύλεως,	devant la ferme,
μηκέτι ⁸ ἀναμείνῃς γάμους. »	n'attends plus *les* noces. »

---

⁵ Ὑπομιμνήσκων, le faisant souvenir de..., « *lui rappelant* ; » le verbe latin *submonere* a tout-à-fait ce sens.

⁶ Καὶ ὁ κύων, s.-ent. ἔφη.

son; il l'appela d'en bas en lui rappelant leurs conventions. Le Chien lui répondit : « O Loup, si dorénavant tu me vois endormi devant l'étable, n'attends plus les noces. »

MORALE.

Cette fable montre que les gens sensés, lorsqu'ils ont échappé à un péril, s'en gardent pendant toute leur vie.

Ἐπιμύθιον.	MORALE.
Ὁ μῦθος δηλοῖ ὅτι οἱ φρόνιμοι τῶν ἀνθρώ- ὅταν σωθῶσι [πως, κινδυνεύσαντες περί τι, φυλάττονται τοῦτο διὰ βίου.	La fable montre que les sensés des hommes (que les lorsqu'*ils* ont-été-sauvés [hommes sensés ayant-été-en-danger en quelque-chose, se-gardent de-cela pendant *leur* vie.

---

[7] Ἀπὸ τοῦδε, s.-ent. γάμου.
[8] Μηκέτι, composé de μή, (non ou ne) et de ἔτι, (jam.) Μηκέτι ἀναμείνῃς, *n'attends plus*.

ΜΥΘΟΣ ΙΖ'—XVII.

ΟΝΟΣ ΚΑΙ ΚΗΠΩΡΟΣ.

Ὄνος ὑπηρετούμενος Κηπωρῷ, ἐπειδὴ ὀλίγα μὲν ἤσθιε, πλεῖστα δ' ἐμόχθει, ηὔξατο τῷ Διΐ, ὥστε τοῦ Κηπωροῦ ἀπαλλαγεὶς ἑτέρῳ ἀπεμπωληθῆναι δεσπότῃ. Τοῦ δὲ Διὸς ἐπακούσαντος[1], καὶ κελεύσαντος αὐτὸν κεραμεῖ πραθῆναι, πάλιν ἐδυςφόρει, πλέον ἢ πρότερον ἀχθοφορῶν, καὶ τόν τε πηλὸν καὶ τοὺς κεράμους κομίζων. Πάλιν οὖν ἀμεῖψαι τὸν δεσπότην ἱκέτευε, καὶ βυρσοδέψῃ ἀπεμπολεῖται. Εἰς χείρονα τοίνυν τῶν προτέρων δεσπότην ἐμπεσών, καὶ ὁρῶν τὰ παρ' αὐτοῦ πραττόμενα[2],

---

ΜΥΘΟΣ ΙΖ'.	FABLE XVII.
ΟΝΟΣ ΚΑΙ ΚΗΠΩΡΟΣ.	L'ANE ET LE JARDINIER.
Ὄνος	Un Ane
ὑπηρετούμενος Κηπωρῷ,	étant-au-service d'*un* Jardinier,
ἐπειδὴ μὲν	comme d'un-côté
ἤσθιε ὀλίγα,	*il* mangeait peu,
δ' ἐμόχθει πλεῖστα,	que d'un-autre-côté *il* travaillait beaucoup,
ηὔξατο τῷ Διΐ,	fit-une-prière à-Jupiter,
ὥστε,	afin-de,
ἀπαλλαγεὶς τοῦ Κηπωροῦ,	ayant-été-délivré du Jardinier,
ἀπεμπωληθῆναι	être-revendu
ἑτέρῳ δεσπότῃ.	à-*un* autre maître.
Δὲ τοῦ Διὸς ἐπακούσαντος[1],	Mais Jupiter *l'*ayant-exaucé,
καὶ κελεύσαντος	et ayant-ordonné

XVII. — [1] Ἐπακούσαντος. — Ἀκούειν, *audire*, entendre; ἐπακούειν, *exaudire*, exaucer.

FABLE XVII.

L'ANE ET LE JARDINIER.

Un Ane était au service d'un Jardinier : comme il mangeait peu et travaillait beaucoup, il demanda à Jupiter d'être délivré de son maître et de passer dans les mains d'un autre. Le dieu exauça sa prière et le fit vendre à un potier ; mais il se trouva encore malheureux ; il portait des fardeaux encore plus lourds qu'auparavant, quand on le chargeait d'argile et de briques. Il demanda donc une seconde fois à changer de maître, et il fut vendu à un corroyeur. Lorsqu'il reconnut qu'il était tombé sous un maître encore pire que les précédents, et qu'il vit quel mé-

---

αὐτὸν πραθῆναι κεραμεῖ,	lui être-vendu à-*un* potier,
ἐδυσφόρει πάλιν,	*il* se-trouvait-malheureux de-nouveau,
ἀχθοφορῶν	portant-des-fardeaux
πλέον ἢ πρότερον,	plus que auparavant,
καὶ κομίζων	et portant
τε τὸν πηλὸν καὶ τοὺς κερά- Οὖν ἱκέτευε πάλιν [μους.	et l'argile et les poteries. Donc il supplia de-nouveau
ἀμεῖψαι τὸν δεσπότην,	*de* changer le (son) maître,
καὶ ἀπεμπολεῖται	et *il* est-revendu
βυρσοδέψῃ.	à-*un* corroyeur.
Τοίνυν ἐμπεσὼν εἰς δεσπότην	Donc étant-tombé sur *un* **maître**
χείρονα τῶν προτέρων,	pire que les précédents,
καὶ ὁρῶν τὰ πραττόμενα 2	et voyant les *choses* faites
παρ' αὐτοῦ,	par lui,

---

2 Τὰ παρ' αὐτοῦ πραττόμενα, m. à m., les choses faites par lui (par le corroyeur), c'est-à-dire, « *le métier qu'il faisait.* »

μετὰ στεναγμῶν ἔφη· «Οἴ μοι³ τῷ ταλαιπώρῳ· βέλτιον
ἦν μοι παρὰ τοῖς προτέροις δεσπόταις μένειν. Οὗτος γάρ, ὡς
ὁρῶ, καὶ τὸ δέρμα μου κατεργάσεται.»

Ἐπιμύθιον.

Ὁ μῦθος δηλοῖ ὅτι τότε μάλιστα τοὺς προτέρους δεσπότας οἱ
οἰκέται ποθοῦσιν, ὅταν τῶν δευτέρων λάβωσι πεῖραν⁴.

(La Fontaine, vi, 11.)

ἔφη μετὰ στεναγμῶν·	il dit avec gémissements :
« Οἴ μοι³ τῷ ταλαιπώρῳ·	« Hélas *sur*-moi le malheureux !
ἦν βέλτιόν μοι μένειν	il était meilleur pour-moi *de* rester
παρὰ τοῖς προτέροις δεσπόταις.	chez les (mes) premiers maîtres.
Γὰρ οὗτος,	Car celui-ci,
ὡς ὁρῶ, κατεργάσεται	comme *je* vois, travaillera
καὶ τὸ δέρμα μου. »	même la peau de-moi. »

---

3 Οἴ μοι τῷ ταλαιπώρῳ, « *malheureux que je suis!* » En latin,
hei misero mihi! L'interjection οἴ se construit avec l'accus., de même
qu'avec le datif. Ces deux cas s'expliquent par un verbe sous-entendu

tier celui-ci faisait : « Infortuné que je suis! s'écria-t-il en soupirant; il valait mieux rester chez mes premiers maîtres : car celui-ci, je le vois, se servira même de ma peau. »

MORALE.

Cette fable montre que les serviteurs ne regrettent jamais plus leurs premiers maîtres que quand ils ont fait l'essai des seconds.

Ἐπιμύθιον.	MORALE.
Ὁ μῦθος δηλοῖ	La fable montre
ὅτι οἱ οἰκέται ποθοῦσι	que les serviteurs regrettent
τοὺς δεσπότας προτέρους	les maîtres premiers
μάλιστα τότε, ὅταν [ρων.	surtout alors, lorsque
λάβωσι πεῖραν 4 τῶν δευτέ-	ils ont-fait l'essai des seconds.

qu'il est toujours facile de suppléer; mais jamais ils ne peuvent dépendre de l'interjection, puisqu'une interjection n'a pas de régime.

4 Λαβεῖν πεῖραν, « faire l'essai de; » en latin, *periculum rei facere.*

ΜΥΘΟΣ ΙΗ'—XVIII.

ΦΙΛΑΡΓΥΡΟΣ.

Φιλάργυρός τις, ἅπασαν αὐτοῦ [1] τὴν οὐσίαν ἐξαργυρισάμενος, καὶ χρυσοῦν βῶλον ποιήσας, ἔν τινι τόπῳ κατώρυξε, συγκατορύξας [2] ἐκεῖ καὶ τὴν ψυχὴν ἑαυτοῦ καὶ τὸν νοῦν· καὶ καθ' ἡμέραν ἐρχόμενος, αὐτὸν ἔβλεπε. Τῶν δὲ ἐργατῶν τις αὐτὸν παρατηρήσας, καὶ τὸ γεγονὸς συννοήσας, ἀνορύξας τὸν βῶλον ἀνείλετο. Μετὰ δὲ ταῦτα κἀκεῖνος ἐλθών, καὶ κενὸν τὸν τόπον ἰδών. Θρηνεῖν ἤρξατο, καὶ τίλλειν τὰς τρίχας. Τοῦτον δέ τις ὀλοφυρόμενον οὕτως ἰδών, καὶ τὴν αἰτίαν πυθόμενος · « Μὴ [3] οὕτως, εἶπεν, ὦ οὗτος [4], ἀθύμει· οὐδὲ γάρ, ἔχων τὸν χρυσόν, εἶχες. Λίθον οὖν

ΜΥΘΟΣ ΙΗ'.
ΦΙΛΑΡΓΥΡΟΣ.

Τὶς φιλάργυρος,
ἐξαργυρισάμενος
ἅπασαν τὴν οὐσίαν αὐτοῦ [1],
καὶ ποιήσας βῶλον χρυσοῦν,
κατώρυξεν ἔν τινι τόπῳ,
συγκατορύξας [2] ἐκεῖ
καὶ τὴν ψυχὴν
καὶ τὸν νοῦν ἑαυτοῦ.
καὶ ἐρχόμενος καθ' ἡμέραν,
ἔβλεπεν αὐτόν.
Δέ τις τῶν ἐργατῶν
παρατηρήσας αὐτόν, καὶ συντὸ γεγονός, [νοήσας

FABLE XVIII.
L'AVARE.

Un avare,
ayant-converti-en-argent
tout l'avoir de-lui,
et ayant-fait *une* masse d'or,
l'enfouit dans un-certain lieu,
ayant-enfoui-avec là
et l'âme
et l'esprit de-lui-même;
et venant par jour (chaque jour),
il contemplait elle.
Mais un des ouvriers (un ouvrier)
ayant-observé lui, et ayant-compris
le ayant-eu-lieu (la chose),

XVIII. — 1 Αὐτοῦ, abréviation de ἑαυτοῦ, pronom personnel. — Il se distingue par l'esprit rude de αὐτοῦ, génitif de αὐτός, αὐτή, αὐτό.

2 Συγκατορύξας καὶ τὴν ψυχὴν καὶ τὸν νοῦν. — La Fontaine a traduit littéralement ce passage dans la fable correspondante à celle-ci:

FABLE XVIII.

L'AVARE.

Un Avare avait converti en argent tout son avoir. Il en forma une masse d'or qu'il enterra dans un certain endroit; il y enterra en même temps son cœur et son esprit. Chaque jour il allait le voir. Un ouvrier qui l'observa se douta du fait, déterra l'or et l'enleva. Quand notre Avare vint ensuite et qu'il trouva la place vide, il commença à se lamenter et à s'arracher les cheveux. Quelqu'un le vit ainsi gémir, et ayant appris la cause de son chagrin, lui dit : « Ne vous désespérez pas de la sorte, l'ami ; car, tout en ayant de l'or, vous n'en aviez pas. Prenez à

ἀνορύξας τὸν βῶλον	ayant déterré le lingot,
ἀνείλετο.	l'enleva.
Δὲ μετὰ ταῦτα	Mais après cela
κἀκεῖνος ἐλθών,	celui-ci-aussi étant-venu,
καὶ ἰδὼν τὸν τόπον κενόν,	et ayant-vu la place vide,
ἤρξατο θρηνεῖν,	se-mit-à se-lamenter
καὶ τίλλειν τὰς τρίχας.	et à s'arracher les cheveux.
Δέ τις ἰδὼν τοῦτον	Mais quelqu'un ayant-vu celui-ci
ὀλοφυρόμενον οὕτως,	se lamentant ainsi,
καὶ πυθόμενος τὴν αἰτίαν	et ayant-appris la cause :
« Ὦ οὗτος, [4] εἶπε,	« Ô toi, dit-il,
μὴ [3] ἀθύμει οὕτως·	ne te-décourage *pas* ainsi ;
γάρ, ἔχων τὸν χρυσόν,	car, ayant l'or,
οὐδὲ εἶχες.	tu ne le possédais *pas*.
Οὖν λαβὼν λίθον	Donc ayant-pris *une* pierre

Il avait dans la terre une somme enfouie,
Son cœur avec... (*Livre* IV, *f.* 50.)

[3] Μὴ..... ἀθύμει, « *ne te désespère pas.* » La négation s'exprime par μή, au lieu de οὐ, devant le présent de l'impératif ou l'aoriste du subj., quand on défend quelque chose.

[4] Ὦ οὗτος. — Voy. F. XIV, not. 1.

ἀντὶ χρυσοῦ λαβὼν θές, καὶ νόμιζέ σοι τὸν χρυσὸν εἶναι· τὴν αὐτὴν⁵ γάρ σοι πληρώσει χρείαν· ὡς ὁρῶ γάρ, οὐδ᾽, ὅτε ὁ χρυσὸς ἦν, ἐν χρήσει ἦσθα⁶ τοῦ κτήματος. »

Ἐπιμύθιον.

Ὁ μῦθος δηλοῖ ὅτι οὐδὲν ἡ κτῆσις⁷, ἐὰν μὴ ἡ χρῆσις προςῇ.

(GUICCHARDIN, traduit par Belleforest : *Les Heures de Récréation*, 1605, in-18, p. 145 ; — LA FONTAINE, IV, 20.)

Θὲς ἀντὶ χρυσοῦ,	mets-*la* à-la-place de-*l'*or,
καὶ νόμιζε τὸν χρυσὸν εἶναί σοι,	et pense l'or être à-toi ;
γὰρ πληρώσει σοι	car *elle* remplira pour-toi
τὴν αὐτὴν⁵ χρείαν·	la même utilité ;
γάρ, ὡς ὁρῶ, ὅτε ὁ χρυσὸς ἦν,	car, comme *je* vois, quand l'or était,
οὐδ᾽ ἦσθα ἐν χρήσει	*tu* n'étais *pas* en jouissance { tu ne jouis-
τοῦ κτήματος. »	du bien. » { sais pas de ton bien.

⁵ Τὴν αὐτὴν..... χρείαν, « *le même usage.* » Rem. l'importance de la place de l'article employé avec αὐτός : précédé de l'article, αὐτός.

la place une pierre, mettez-la dans ce trou et figurez-vous que c'est de l'or; elle vous fera le même usage : car, je le vois, quand vous aviez votre or, vous n'en jouissiez pas. »

MORALE.

Cette fable montre que la possession n'est rien, si l'on n'a aussi la jouissance.

---o-◇-o---

Ἐπιμύθιον.
Ὁ μῦθος δηλοῖ
ὅτι ἡ κτῆσις[7] οὐδέν,
ἐὰν ἡ χρῆσις μὴ προσῇ.

MORALE.
La fable montre
que la possession *n'est* rien,
si la jouissance ne *s'y* joint.

---

signifie *le même, idem, eadem, idem;* suivi de l'article, il répond à *ipse, ipsa, ipsum.*

[6] Ἦσθα, forme att. pour ἦς, 2ᵉ pers. sing. imparf. de εἰμί, *je suis.*
[7] Ὅτι οὐδὲν ἡ κτῆσις, *s.-ent.* ἐστί. — Voy. F. II, not. 5.

ΜΥΘΟΣ ΙΘ'—XIX.

ΑΛΩΠΗΞ ΚΑΙ ΤΡΑΓΟΣ.

Ἀλώπηξ καὶ Τράγος διψῶντες εἰς φρέαρ κατέβησαν. Μετὰ δὲ τὸ πιεῖν[1], τοῦ Τράγου σκεπτομένου τὴν ἄνοδον[2], ἡ Ἀλώπηξ ἔφη · « Θάρσει, χρήσιμόν τι καὶ εἰς τὴν ἀμφοτέρων σωτηρίαν ἐπινενόηκα. Εἰ γὰρ ὄρθιος σταθείς, τοὺς ἐμπροσθίους τῶν ποδῶν[3] τῷ τοίχῳ προςερείσεις, καὶ τὰ κέρατα ὁμοίως εἰς τοὔμπροσθεν[4] κλινεῖς[5], ἀναδραμοῦσα διὰ τῶν σῶν αὐτὴ νώτων καὶ κεράτων, καὶ ἔξω τοῦ φρέατος ἐκεῖθεν πηδήσασα, καί σε μετὰ τοῦτο ἀνασπάσω ἐντεῦθεν. » Τοῦ δὲ Τράγου πρὸς τοῦτο ἑτοίμως ὑπηρετησαμένου, ἐκείνη τοῦ φρέατος οὕτως ἐκπηδήσασα, ἐσκίρτα

ΜΥΘΟΣ ΙΘ'.	FABLE XIX.
ΑΛΩΠΗΞ ΚΑΙ ΤΡΑΓΟΣ.	LE RENARD ET LE BOUC.
Ἀλώπηξ καὶ Τράγος διψῶντες κατέβησαν εἰς φρέαρ.	Un Renard et un Bouc ayant-soif descendirent dans un puits,
Δὲ μετὰ τὸ πιεῖν[1], τοῦ Τράγου σκεπτομένου τὴν ἄνοδον[2],	Mais après le avoir-bu (après qu'ils eurent le Bouc examinant [bu), le retour (le moyen de remonter),
ἡ Ἀλώπηξ ἔφη · « Θάρσει, ἐπινενόηκά τι χρήσιμον καὶ εἰς τὴν σωτηρίαν ἀμφοτέ- [ρων.	le Renard dit : « Aie-confiance, j'ai-imaginé quelque-chose (d') utile même pour le salut de-tous-deux.
Γὰρ εἰ σταθεὶς ὄρθιος, προςερείσεις τῷ τοίχῳ τοὺς ἐμπροσθίους τῶν ποδῶν[3],	Car si t'étant-tenu debout, tu appuieras contre-la muraille les de-devant des pieds, } (les pieds de devant),
καὶ κλινεῖς[5]	et si tu pencheras

XIX. — [1] Τὸ πιεῖν. — L'infinit. accompagné de l'article est un véritable substantif.

[2] Τὴν ἄνοδον. — Ἄνοδος exprime à la fois l'action de revenir sur es pas, et l'action de monter ; (ἀνά et ὁδός).

FABLE XIX.

LE RENARD ET LE BOUC.

Un Renard et un Bouc descendirent dans un puits pour y étancher leur soif. Après qu'ils eurent bu, comme le Bouc cherchait le moyen de remonter, le Renard lui dit: « Sois sans inquiétude; j'ai imaginé quelque chose qui servira à nous sauver tous deux. Lève-toi debout, appuie tes pieds de devant contre la muraille et penche de même tes cornes en avant; je grimperai le long de ton dos et de tes cornes, et après que j'aurai sauté hors du puits, je t'en tirerai à ton tour. » Le Bouc se prêta à cela volontiers; le Renard sortit ainsi du puits et se mit à bondir de joie

---

ὁμοίως τὰ κέρατα	de-même les (tes) cornes
εἰς τοὔμπροσθεν [4],	vers le-en-avant (en avant),
αὐτὴ ἀναδραμοῦσα	moi-même ayant-gravi
διὰ τῶν σῶν νώτων	le-long de-les tiens reins (tes reins)
καὶ κεράτων,	et de-*tes*-cornes,
καὶ πηδήσασα ἐκεῖθεν	et ayant-sauté de-là
ἔξω τοῦ φρέατος,	hors du puits,
ἀνασπάσω καί σε	je retirerai aussi toi
μετὰ τοῦτο ἐντεῦθεν. »	après cela d'ici. »
Δὲ τοῦ Τράγου	Or le Bouc
ὑπηρετησαμένου ἑτοίμως	s'étant-prêté volontiers
πρός τοῦτο,	à cela,
ἐκείνη	celui-ci
ἐκπηδήσασα τοῦ φρέατος	ayant-sauté-hors du puits
οὕτως,	de-cette-manière,

---

3 Τοὺς ἐμπροσθίους τῶν ποδῶν, pour τοὺς ἐμπροσθίους πόδας.

4 Τοὔμπροσθεν, pour τὸ ἔμπροσθεν; crase. Voy. F. V, not. 2.

5 Κλινεῖς, futur; — diffère du présent, κλίνεις, par l'accent.

ΑΙΣΩΠΟΥ ΜΥΘΟΙ.

περὶ τὸ στόμιον ἡδομένη. Ὁ δὲ Τράγος αὐτὴν ἐμέμφετο, ὡς παραβαίνουσαν τὰς συνθήκας. Ἡ δέ, « Ἀλλ' εἰ τοσαύτας, εἶπε, φρένας ἐκέκτησο[6], ὁπόσας ἐν τῷ πώγωνι τρίχας[7], οὐ πρότερον ἂν[8] κατέβης, πρὶν ἢ[9] τὴν ἄνοδον σκέψασθαι.

Ἐπιμύθιον.

Ὁ μῦθος δηλοῖ ὅτι οὕτω καὶ τὸν φρόνιμον ἄνδρα δεῖ πρότερον τὰ τέλη σκοποῦντα τῶν πραγμάτων, εἶθ' οὕτως αὐτοῖς ἐγχειρεῖν.

(PHÈDRE, IV, 9 ; — LA FONTAINE, III, 5.)

ἐσκίρτα ἡδομένη	bondissait se-réjouissant
περὶ τὸ στόμιον.	autour-de l'ouverture.
Δὲ ὁ Τράγος	Mais le Bouc
ἐμέμφετο αὐτήν,	accusait lui,
ὡς παραβαίνουσαν τὰς συν-	comme transgressant les conventions.
Δὲ ἡ, [θήκας.	Mais celui-ci,
« Ἀλλ' εἰ ἐκέκτησο[6],	« Mais si *tu* possédais,
εἶπε,	dit-il,
φρένας τοσαύτας,	des ressources aussi-nombreuses
ὁπόσας τρίχας[7]	que-nombreux *les* poils
ἐν τῷ πώγωνι,	dans la barbe,

---

[6] Εἰ..... ἐκέκτησο, « *si tu possédais;* » —nous traduisons le plusque-parfait par l'imparfait : c'est que κέκτημαι, parf. de κτάομαι, *j'acquiers*, signifie *j'ai acquis*, et, par conséquent, *je possède*. Le parfait répond donc à un présent, et le plus-que-parfait à un imparfait ; de même en latin, *novi, memini, etc.*

[7] Ὁπόσας..... τρίχας, s.-ent. κέκτησαι.

autour de l'ouverture. Son compagnon se plaignait qu'il manquât à leurs conventions; « Si tu avais, répondit celui-ci, autant d'expédients dans le cerveau que tu as de poils dans la barbe, tu ne serais pas descendu avant d'avoir cherché le moyen de remonter. »

MORALE.

Cette fable montre que de même l'homme prudent ne s'engage dans une affaire qu'après avoir examiné quelle en sera l'issue.

οὐκ ἂν κατέβης [8]	tu n'aurais pas descendu
πρότερον, πρὶν ἢ [9] σκέψασθαι	avant que d'avoir-examiné
τὴν ἄνοδον. »	le retour (le moyen de remonter). »
Ἐπιμύθιον.	MORALE.
Ὁ μῦθος δηλοῖ	La fable montre
ὅτι δεῖ οὕτω	que il faut de-même
καὶ τὸν ἄνδρα φρόνιμον	aussi l'homme prudent
σκοποῦντα πρότερον	examinant auparavant
τὰ τέλη τῶν πραγμάτων,	les fins (l'issue) des choses,
εἶθ' οὕτως	ensuite de-cette-manière
ἐγχειρεῖν αὐτοῖς.	mettre la-main à-elles (les entreprendre).

---

[8] Ἂν κατέβης, « tu ne serais pas descendu. » — Voy. sur le sens que ἄν donne au verbe, fable V, not. 5.

[9] Πρότερον.... πρὶν ἤ. — Hellénisme; quelquefois on trouve réunis πρότερον et πρίν, quoique l'un d'eux eût suffi pour le sens de la phrase.

ΜΥΘΟΣ Κ'—XX.

ΑΙΛΟΥΡΟΣ ΚΑΙ ΜΥΕΣ.

Ἐν οἰκίᾳ τινὶ πολλῶν Μυῶν ὄντων, Αἴλουρος, τοῦτο γνούς, ἧκεν ἐνταῦθα, καὶ καθ' ἕκαστον[1] αὐτῶν συλλαμβάνων κατήσθιεν. Οἱ δέ, καθ' ἑκάστην[2] ἑαυτοὺς ἀναλισκομένους ὁρῶντες, ἔφασαν πρὸς ἀλλήλους· « Μηκέτι κάτω κατέλθωμεν, ἵνα μὴ παντάπασιν ἀπολώμεθα· τοῦ γὰρ Αἰλούρου μὴ δυναμένου δεῦρο ἐξικνεῖσθαι, ἡμεῖς σωθησόμεθα. » Ὁ δὲ Αἴλουρος, μηκέτι τῶν Μυῶν κατιόντων, ἔγνω δι' ἐπινοίας αὐτοὺς σοφιζόμενος ἐκκαλέσασθαι. Καὶ δὴ ἀπὸ παττάλου τινὸς ἑαυτὸν ἀναβὰς[3] ἀπηώρησε, καὶ προσεποιεῖτο νεκρὸς[4] εἶναι. Τῶν δὲ Μυῶν τις,

---

ΜΥΘΟΣ Κ'.	FABLE XX.
ΑΙΛΟΥΡΟΣ ΚΑΙ ΜΥΕΣ.	LE CHAT ET LES RATS.
Μυῶν πολλῶν	Des Rats nombreux
ὄντων ἔν τινι οἰκίᾳ,	étant dans une maison,
Αἴλουρος, γνοὺς τοῦτο,	un Chat, ayant-appris cela,
ἧκεν ἐνταῦθα,	vint là,
καὶ συλλαμβάνων	et prenant
καθ' ἕκαστον[1] αὐτῶν	chacun d'eux l'un-après-l'autre
κατήσθιεν.	les mangeait.
Δὲ οἱ, ὁρῶντες	Or ceux-ci, voyant
ἑαυτοὺς ἀναλισκομένους	eux-mêmes détruits
καθ' ἑκάστην[2],	chaque jour,
ἔφασαν πρὸς ἀλλήλους·	se dirent les-uns-aux-autres :
« Μηκέτι κατέλθωμεν κάτω,	« Ne descendons plus en-bas,
ἵνα	afin-que
μὴ ἀπολώμεθα	nous ne soyons-pas-détruits

XX.—[1] Καθ' ἕκαστον, « *l'un après l'autre* » *singulos corripiens.* — Κατά s'emploie ainsi dans le sens distributif : καθ' ἕνα, un à un.
[2] Καθ' ἑκάστην, s.-ent. ἡμέραν. — Voy. la note précédente.
[3] Ἀναβάς. — « *étant monté* » (sur une cheville), il s'y suspendit.

FABLE XX.

LE CHAT ET LES RATS.

Il y avait dans une maison une grande quantité de Rats ; un Chat qui le sut y alla. Il les prenait l'un après l'autre et les mangeait. Mais ceux-ci, se voyant détruire chaque jour, se dirent : « Pour éviter de périr tous, ne descendons plus ; puisque le Chat ne peut arriver jusqu'ici, nous serons sauvés. » Comme les Rats ne descendaient plus, le Chat résolut de les tromper et de les attirer par la ruse. Il monta donc et se suspendit à une cheville, faisant le mort ; mais un des Rats, jetant

---

παντάπασιν ·	complétement ;
γὰρ τοῦ Αἰλούρου	car le Chat
μὴ δυναμένου	ne pouvant *pas*
ἐξικνεῖσθαι δεῦρο,	arriver ici,
ἡμεῖς σωθησόμεθα.	nous serons-sauvés.
Δὲ ὁ Αἴλουρος,	Mais le Chat,
τῶν Μυῶν	les Rats
μηκέτι κατιόντων,	ne descendant plus,
ἔγνω ἐκκαλέσασθαι αὐτοὺς	résolut *d'*attirer eux
σοφιζόμενος δι' ἐπινοίας.	*les* trompant par *une* ruse.
Καὶ δὴ ἀναβὰς [3]	Et donc étant-monté
ἀπηώρησεν ἑαυτὸν	*il* suspendit lui-même
ἀπό τινος παττάλου,	à une cheville,
καὶ προσεποιεῖτο	et *il* faisait-semblant
εἶναι νεκρός [4].	d'être mort.
Δέ τις τῶν Μυῶν,	Mais un des Rats,

---

[4] Προσεποιεῖτο νεκρὸς εἶναι. — Quelques éditions donnent à tort νεκρὸν εἶναι, qui serait peu correct, et qu'il faudrait expliquer par l'ellipse de ἑαυτόν. Quand le sujet de la proposition complétive (εἶναι νεκρός), n'est pas exprimé, les Grecs mettent l'attribut au cas où est

παρακύψας⁵, καὶ ἰδὼν αὐτόν, ἔφη· « Ὦ οὗτος⁶, κἂν θύλαξ γένῃ, οὐ προςελεύσομαί σοι⁷. »

Ἐπιμύθιον.

Ὁ μῦθος δηλοῖ ὅτι τῶν ἀνθρώπων οἱ φρόνιμοι, ὅταν τῆς ἐνίων μοχθηρίας πειραθῶσιν, οὐκέτι αὐτῶν ἐξαπατῶνται ταῖς ὑποκρίσεσιν.

(Phèdre, iv, 2;—Faerne, iii, 14;—La Fontaine, iii, 18.)

παρακύψας⁵,	ayant-regardé-en-penchant-la-tête,
καὶ ἰδὼν αὐτόν,	et ayant-vu lui,
ἔφη· « Ὦ οὗτος⁶,	dit : « O toi,
κἂν γένῃ	quand-même *tu* serais-devenu
θύλαξ,	*un* sac-à-farine,
οὐ προςελεύσομαί σοι⁷. »	*je* n'approcherai *pas* de-toi.

---

employé ce sujet sous-entendu, dans la proposition principale : αἴλουρος (*s.-ent.*) προσεποιεῖτο.

⁵ Παρακύψας, mot qu'il serait impossible de rendre en français sans une longue périphrase; il signifie : regardant de côté, en allongeant et baissant la tête.

d'en haut un regard furtif, l'aperçut et s'écria : « L'ami, quand tu serais sac, je ne t'approcherais pas. »

MORALE.

Cette fable montre que les gens sensés, quand ils ont éprouvé la méchanceté de certains hommes, ne se laissent plus tromper par leurs fourberies.

Ἐπιμύθιον.	MORALE.
Ὁ μῦθος δηλοῖ	La fable montre
ὅτι οἱ φρόνιμοι τῶν ἀνθρώπων,	que les sensés des hommes,
ὅταν πειραθῶσι	quand *ils* ont-éprouvé
τῆς μοχθηρίας ἐνίων,	la méchanceté de-quelques-uns,
οὐκέτι ἐξαπατῶνται	ne sont-plus-trompés
ταῖς ὑποκρίσεσιν αὐτῶν.	par-les feintes d'eux.

---

6 Ὦ οὗτος. — Voy. fable XIV, not. 1.

7 Σοί, datif régi par la préposition πρός, qui est contenue dans προςελεύσομαι.

ΜΥΘΟΣ ΚΑ'—XXI.

ΜΥΡΜΗΞ ΚΑΙ ΠΕΡΙΣΤΕΡΑ.

Μύρμηξ διψήσας, κατελθὼν εἰς πηγήν, παρασυρεὶς ὑπὸ τοῦ ῥεύματος, ἀπεπνίγετο. Περιστερὰ δέ, τοῦτο θεασαμένη, κλῶνα δένδρου περιελοῦσα [1], εἰς τὴν πηγὴν ἔρριψεν· ἐφ' οὗ καὶ καθίσας ὁ Μύρμηξ διεσώθη. Ἰξευτὴς δέ τις μετὰ τοῦτο, τοὺς καλάμους συνθείς [2], ἐπὶ τὸ τὴν Περιστερὰν συλλαβεῖν ᾔει [3]. Τοῦτο δ' ὁ Μύρμηξ ἑωρακὼς τὸν τοῦ ἰξευτοῦ πόδα ἔδακεν. Ὁ δὲ ἀλγήσας τούς τε καλάμους ἔρριψε, καὶ τὴν Περιστερὰν αὐτίκα φυγεῖν ἐποίησεν [4].

Ἐπιμύθιον.

Ὁ μῦθος δηλοῖ ὅτι δεῖ τοῖς εὐεργέταις χάριν ἀποδιδόναι.

(La Fontaine, ii, 12.)

ΜΥΘΟΣ ΚΑ'.
ΜΥΡΜΗΞ ΚΑΙ ΠΕΡΙΣΤΕΡΑ.

Μύρμηξ διψήσας,
κατελθὼν εἰς πηγήν,
παρασυρεὶς
ὑπὸ τοῦ ῥεύματος,
ἀπεπνίγετο.
Δὲ Περιστερά,
θεασαμένη τοῦτο,
περιελοῦσα [1] κλῶνα δένδρου,
ἔρριψεν εἰς τὴν πηγήν·
καὶ ὁ Μύρμηξ
καθίσας
ἐφ' οὗ
διεσώθη.
Δὲ μετὰ τοῦτο

FABLE XXI.
LA FOURMI ET LA COLOMBE.

Une Fourmi ayant-eu-soif,
étant-descendue à une source,
ayant-été-entraînée
par le courant,
était-suffoquée.
Mais une Colombe,
ayant-vu cela,
ayant-cassé une branche d'arbre,
la jeta dans la source ;
et la Fourmi
s'étant-assise (s'étant-placée)
sur laquelle (sur celle-ci)
fut-sauvée.
Or après cela

XXI. — [1] Περιελοῦσα. — Περί, joint à ἑλοῦσα (part. aor. 2 act. de αἱρέω, *saisir*), rend l'idée de tordre la branche en la cassant.

[2] Καλάμους συνθείς. — L'oiseleur, muni de baguettes enduites de glu, les dispose autour d'un appât formé de grains de blé ou de chéne-

FABLE XXI.

LA FOURMI ET LA COLOMBE.

Une fourmi qui avait soif était descendue au bord d'une fontaine ; entraînée par le courant, elle allait être suffoquée. Une Colombe s'en aperçut et cassant une branche d'arbre la jeta dans l'eau. La Fourmi s'y plaça et fut ainsi sauvée. Quelque temps après, un oiseleur, après avoir disposé ses baguettes, s'apprêtait à prendre la Colombe. La Fourmi qui s'en aperçu lui mordit le pied. De douleur il jeta ses baguettes et fit aussitôt fuir la Colombe.

MORALE.

Cette fable montre que nous devons nous montrer reconnaissants envers nos bienfaiteurs.

τὶς ἰξευτής,	un chasseur-à-la-glu,
συνθεὶς² τοὺς καλάμους,	ayant-disposé les (ses) baguettes,
ᾔει³ ἐπὶ τὸ συλλαβεῖν	allait pour le prendre (s'apprêtait à pren-
τὴν Περιστεράν.	la Colombe. (dre)
Δὲ ὁ Μύρμηξ	Mais la Fourmi
ἑωρακὼς τοῦτο	ayant-vu cela
ἔδακεν τὸν πόδα	mordit le pied
τοῦ ἰξευτοῦ.	du chasseur-à-la-glu.
Δὲ ὁ	Mais celui-ci
ἀλγήσας	ayant-éprouvé-de-la-douleur
τε ἔρριψε τοὺς καλάμους,	et jeta les (ses) baguettes
καὶ ἐποίησε⁴ τὴν Περιστερὰν	et fit la Colombe
φυγεῖν αὐτίκα.	avoir-fui aussitôt.
Ἐπιμύθιον.	MORALE.
Ὁ μῦθος δηλοῖ ὅτι δεῖ	La fable montre que *il* faut
ἀποδιδόναι χάριν	rendre reconnaissance (être reconnais-
τοῖς εὐεργέταις.	à-les (ses) bienfaiteurs. (sant)

---

vis, etc., de manière à ce que l'oiseau, attiré par la nourriture, ne puisse y arriver sans s'engluer les ailes et les pattes.

³ Ἐπὶ τὸ συλλαβεῖν... ᾔει ; on dit de même en français, dans le langage familier : *il allait pour prendre*.....

⁴ Φυγεῖν ἐποίησεν.—Nous disons de même : *il fit fuir*.....

ΜΥΘΟΣ ΚΒ′—XXII.

ΓΥΝΗ ΚΑΙ ΘΕΡΑΠΑΙΝΑΙ.

Γυνὴ χήρα φιλεργός, Θεραπαινίδας ἔχουσα, ταύτας εἰώθει[1] νυκτὸς[2] ἐγείρειν ἐπὶ τὰ ἔργα, πρὸς τὰς τῶν ἀλεκτρυόνων ᾠδάς. Αἱ δέ, συνεχῶς τῷ πόνῳ ταλαιπωρούμεναι, ἔγνωσαν[3] δεῖν τὸν ἐπὶ τῆς οἰκίας[4] ἀποκτεῖναι ἀλεκτρυόνα, ὡς ἐκείνου νύκτωρ ἐξανιστάντος τὴν δέσποιναν. Συνέβη δ' αὐταῖς τοῦτο διαπραξαμέναις χαλεπωτέροις περιπεσεῖν τοῖς δεινοῖς. Ἡ γὰρ δεσπότις, ἀγνοοῦσα τὴν τῶν ἀλεκτρυόνων ὥραν, ἐννυχώτερον[5] ταύτας ἀνίστη.

Ἐπιμύθιον.

Ὁ μῦθος δηλοῖ ὅτι πολλοῖς ἀνθρώποις τὰ βουλεύματα κακῶν αἴτια γίνεται[6].

(La Fontaine, v, 6.)

ΜΥΘΟΣ ΚΒ′.	FABLE XXII.
ΓΥΝΗ ΚΑΙ ΘΕΡΑΠΑΙΝΑΙ.	LA FEMME ET SES SERVANTES.
Γυνὴ χήρα	Une femme veuve
φιλεργός,	amie-du-travail (laborieuse),
ἔχουσα Θεραπαινίδας,	ayant des Servantes,
εἰώθει [1]	avait-coutume
ἐγείρειν ταύτας	d'éveiller celles-ci
νυκτὸς [2]	pendant-la-nuit
ἐπὶ τὰ ἔργα,	pour les travaux,
πρὸς τὰς ᾠδὰς τῶν ἀλεκ- [τρυόνων.	aux chants des coqs.
Δὲ αἱ,	Mais celles-ci,
ταλαιπωρούμεναι	se-trouvant-malheureuses
συνεχῶς τῷ πόνῳ,	constamment par-le-travail,
ἔγνωσαν[3] δεῖν	résolurent falloir (qu'il fallait)
ἀποκτεῖναι τὸν ἀλεκτρυόνα	avoir-tué (tuer) le coq
ἐπὶ τῆς οἰκίας [4],	dans la maison (le coq du logis)

XXII. — [1] Εἰώθει, pl.-que-parf. qu'il faut traduire par l'imparfait en français. Le parf. εἴωθα, de l'inusité ἔθω, a le sens du présent.

[2] Νυκτός (gén. de νύξ), « de nuit, pendant la nuit. » En grec on met souvent au génitif les mots qui désignent le temps. On peut expliquer ce génitif par la prép. διά, pendant, sous-entendue.

[3] Ἔγνωσαν, « résolurent. »—Γιγνώσκω a le sens de connaître,

FABLE XXII.

LA FEMME ET SES SERVANTES.

Une veuve laborieuse avait des servantes qu'elle avait coutume d'éveiller la nuit, au chant du coq, pour les faire travailler. Celles-ci, fatiguées de ce labeur assidu, résolurent de tuer le coq de la maison, puisque c'était lui qui la nuit éveillait la maîtresse. Mais il arriva qu'après avoir accompli leur projet, elles furent plus malheureuses encore. En effet, leur maîtresse qui ne connaissait plus l'heure indiquée par les coqs, les éveillait plus matin.

MORALE.

Cette fable montre que beaucoup d'hommes se nuisent à eux-mêmes par leurs résolutions.

ὡς ἐκείνου	comme celui-ci
ἐξανιστάντος νύκτωρ	éveillant pendant-la-nuit
τὴν δέσποιναν.	la maîtresse.
Δὲ συνέβη αὐταῖς	Mais *il* arriva à-elles
διαπραξαμέναις τοῦτο	ayant-fait cela
περιπεσεῖν τοῖς δεινοῖς	d'être-tombées dans-les maux
χαλεπωτέροις.	plus-fâcheux.
Γὰρ ἡ δεσπότις,	Car la maîtresse,
ἀγνοοῦσα	ne-connaissant-pas
τὴν ὥραν τῶν ἀλεκτρυόνων,	l'heure des coqs,
ἀνίστη ταύτας	éveillait celles-ci
ἐννυχώτερον [5].	plus-pendant-la-nuit.
Ἐπιμύθιον.	MORALE.
Ὁ μῦθος δηλοῖ	La fable montre
ὅτι τὰ βουλεύματα	que les (leurs) résolutions
γίνεται [6] πολλοῖς ἀνθρώποις	deviennent pour-beaucoup d'hommes
αἴτια κακῶν.	causes de-maux.

---

mais l'aor. 2 ἔγνων a plus particulièrement le sens de : *résoudre*, *arrêter de*, etc.

[4] Τὸν ἐπὶ τῆς οἰκίας, s.-ent. ὄντα, *le coq de la maison.*

[5] Ἐννυχώτερον, compar. neutre de ἔννυχος, pris adverbialement.

[6] Γίνεται, verbe au singul., quoique le sujet τὰ βουλεύματα soit au pluriel.—Voy. F. VI, not. 3.

ΜΥΘΟΣ ΚΓ'—XXIII.

ΙΠΠΟΣ ΚΑΙ ΟΝΟΣ.

Ἄνθρωπός τις εἶχεν Ἵππον καὶ Ὄνον. Ὁδευόντων δέ[1], ἐν τῇ ὁδῷ εἶπεν ὁ Ὄνος τῷ Ἵππῳ· « Ἆρον[2] ἐκ τοῦ ἐμοῦ βάρους, εἰ θέλεις εἶναί με σῶν. » Ὁ δὲ οὐκ ἐπείσθη. Ὁ δὲ Ὄνος, πεσὼν ἐκ τοῦ κόπου, ἐτελεύτησε. Τοῦ δὲ δεσπότου πάντα ἐπιθέντος αὐτῷ, καὶ αὐτὴν τὴν[3] τοῦ Ὄνου δοράν, θρηνῶν ὁ Ἵππος ἐβόα. « Οἴ μοι τῷ παναθλίῳ[4], τί μοι συνέβη τῷ ταλαιπώρῳ! Μὴ θελήσας γὰρ μικρὸν βάρος λαβεῖν, ἰδοὺ[5] ἅπαντα βαστάζω, καὶ τὸ δέρμα. »

ΜΥΘΟΣ ΚΓ'.	FABLE XXIII.
ΙΠΠΟΣ ΚΑΙ ΟΝΟΣ.	LE CHEVAL ET L'ANE.
Τὶς ἄνθρωπος εἶχεν	Un homme avait
Ἵππον καὶ Ὄνον.	*un* Cheval et *un* Ane.
Δὲ ὁδευόντων [1],	Or *eux* étant-en-route,
ὁ Ὄνος ἐν τῇ ὁδῷ	l'Ane dans le chemin
εἶπε τῷ Ἵππῳ·	dit au cheval :
« Εἰ θέλεις	« Si tu veux
μὲ εἶναι σῶν,	moi être sain-et-sauf,
ἆρον [2]	prends *une partie*
ἐκ τοῦ ἐμοῦ βάρους. »	de le mien (de mon) fardeau. »
Δὲ ὁ οὐκ ἐπείσθη.	Mais celui-ci ne fut-*pas*-persuadé.
Δὲ ὁ Ὄνος,	Or l'Ane,
πεσὼν ἐκ τοῦ κόπου,	étant-tombé par la fatigue,

XXIII. — [1] Ὁδευόντων δέ, s.-ent. αὐτῶν, c'est-à-dire Ἵππου καὶ Ὄνου.

[2] Ἆρον ἐκ... etc.—S.-ent. μέρος τι.—Nous disons de même. prendre *du* pain.

[3] Αὐτὴν τήν...—Sur αὐτός précédé ou suivi de l'art. Voy. F. XVIII, not. 5.

FABLE XXIII.

LE CHEVAL ET L'ANE.

Un homme avait un Cheval et un Ane. Comme ils faisaient route ensemble, l'Ane dit au Cheval : « Si tu ne veux pas que je meure, prends une partie de mon fardeau. » Celui-ci n'en voulut rien faire, et l'Ane, succombant à la fatigue, expira. Alors le maître plaça toute la charge et de plus la peau de l'Ane sur le Cheval, qui s'écria en gémissant : « Infortuné que je suis ! Quel malheur m'arrive ! Pour n'avoir pas voulu porter une petite partie du fardeau, voici que je le porte tout entier, et de plus la peau de mon compagnon. »

ἐτελεύτησε.	mourut.
Δὲ τοῦ δεσπότου	Mais le maître
ἐπιθέντος αὐτῷ	ayant-placé-sur lui
πάντα,	toutes-les-choses,
καὶ τὴν³ δορὰν αὐτὴν	et la peau elle-même
τοῦ Ὄνου,	de-l'Ane,
ὁ Ἵππος θρηνῶν ἐβόα·	le Cheval gémissant criait.
« Οἴ μοι	« Hélas sur-moi
τῷ παναθλίῳ⁴,	le tout-à-fait infortuné,
τί συνέβη μοι	qu'est-il-arrivé à-moi
τῷ ταλαιπώρῳ¹	le malheureux !
Γὰρ μὴ θελήσας	Car n'ayant-pas-voulu
λαβεῖν μικρὸν βάρος,	accepter *un* petit fardeau,
ἰδοὺ⁵ βαστάζω ἅπαντα,	voici-que *je* porte tout,
καὶ τὸ δέρμα. »	et-même la peau. »

---

⁴ Οἴ μοι, etc.—Voy. F. XVII, not. 3.

⁵ Ἰδού, adv., « *voici que* » n'est autre chose que l'impér. aor. ² de ὁράω, *voir*. De même, en français, *voici* était autrefois *vois voilà—vois là*.

ΑΙΣΩΠΟΥ ΜΥΘΟΙ.

’Επιμύθιον.

Ὁ μῦθος δηλοῖ ὅτι τοῖς μικροῖς[6] οἱ μεγάλοι συγκοινωνοῦντες, ἀμφότεροι σωθήσονται ἐν βίῳ.

(BABRIUS, 7; — LA FONTAINE, VI, 16.)

’Επιμύθιον.	MORALE.
Ὁ μῦθος δηλοῖ	La fable montre
ὅτι οἱ μεγάλοι	que les (hommes) grands (les puissants)

[6] Ὅτι τοῖς μικροῖς, etc.—Quoique le sens de cette proposition soit très-clair, il est impossible de la construire régulièrement ; car il n'y

FABLES D'ÉSOPE.

MORALE.

Cette fable montre que, si les grands aident les petits, les uns et les autres vivront à l'abri du malheur.

συγκοινωνοῦντες	s'unissant-avec
τοῖς μικροῖς⁶,	les (hommes) petits (les faibles),
ἀμφότεροι	les-uns-et-les-autres
σωθήσονται ἐν βίῳ.	seront-sauvés dans *la* vie.

a qu'un seul verbe pour deux sujets distincts. — Μικροί... μεγάλοι, dans le sens figuré, comme nous disons en français : *les grands; les petits.*

ΜΥΘΟΣ ΚΔ'—XXIV.

ΑΛΙΕΥΣ ΚΑΙ ΣΜΑΡΙΣ.

Ἁλιεύς, τὸ δίκτυον χαλάσας ἐν τῇ θαλάττῃ, ἀνήνεγκε Σμαρίδα[1]. Σμικρὰ[2] δὲ οὖσα ἱκέτευεν αὐτόν, νῦν μὲν μὴ λαβεῖν αὐτήν, ἀλλ' ἐᾶσαι, διὰ τὸ σμικρὰν τυγχάνειν[3]· « Ἀλλ' ὅταν αὐξηθῶ, καὶ μεγάλη, φησί, γένωμαι, συλλαβεῖν με δυνήσῃ, ἐπεὶ καὶ εἰς μείζονά σοι ὠφέλειαν ἔσομαι. » Καὶ ὁ Ἁλιεὺς εἶπεν· « Ἀλλ' ἔγωγε ἄνους ἂν εἴην[4], εἰ τὸ ἐν χερσὶ παρεὶς κέρδος, κἂν[5] σμικρὸν ᾖ, τὸ προςδοκώμενον, κἂν μέγα ὑπάρχῃ, ἐλπίζοιμι. »

Ἐπιμύθιον.

Ὁ μῦθος δηλοῖ ὅτι ἀλόγιστος ἂν εἴη ὁ δι' ἐλπίδα μείζονος[6] τὰ ἐν χερσὶν ἀφείς, σμικρὰ ὄντα.

(Babrius, 6; — Avienus, 20; — La Fontaine, v, 3.)

ΜΥΘΟΣ ΚΔ'.	FABLE XXIV.
ΑΛΙΕΥΣ ΚΑΙ ΣΜΑΡΙΣ.	LE PÊCHEUR ET LE PETIT POISSON.
Ἁλιεύς,	*Un* Pêcheur,
χαλάσας τὸ δίκτυον	ayant-lâché le (son) filet
ἐν τῇ θαλάττῃ,	dans la mer,
ἀνήνεγκε Σμαρίδα[1].	ramena *un* petit-poisson.
Δὲ οὖσα σμικρά[2],	Or étant petit,
ἱκέτευεν αὐτόν,	*il* suppliait lui,
μὲν	à-la-vérité
μὴ λαβεῖν νῦν αὐτήν,	*de* ne *pas* prendre maintenant lui,
ἀλλ' ἐᾶσαι,	mais *de* (le) laisser-aller,
διὰ τὸ τυγχάνειν[3]	à-cause du se-trouver-être
σμικράν·	petit :
« Ἀλλ' ὅταν αὐξηθῶ,	« Mais lorsque *je* serai-augmenté,
φησί,	dit-*il*,
καὶ γένωμαι μεγάλη,	et *que je* serai-devenu grand,
δυνήσῃ συλλαβεῖν με,	*tu* pourras prendre moi,

XXIV. — [1] Σμαρίδα.—Nous ne savons pas quel est précisément le petit poisson de mer appelé Σμαρίς par les anciens ; on présume que c'est l'*Anchois*. Selon Aristote, ce poisson est blanc en hiver, et noircit en été.

[2] Σμικρά, forme attique pour μικρά.

[3] Διὰ τὸ... τυγχάνειν.—L'infinitif accompagné de l'article est un

FABLE XXIV.

LE PÊCHEUR ET LE PETIT POISSON.

Un pêcheur jeta son filet dans la mer et en retira un petit Poisson. Celui-ci le suppliait de ne pas le prendre maintenant, mais de le laisser aller à cause de sa petite taille : « Quand j'aurai grandi, disait-il, et que je serai devenu gros, vous pourrez me prendre, car alors je vous serai d'une plus grande utilité. » Le Pêcheur répondit : « Je serais fou assurément, si je négligeais le gain que j'ai dans les mains, si petit qu'il soit, pour en attendre un à venir, quelque grand qu'il puisse être. »

MORALE.

Cette fable montre qu'il serait insensé de laisser le bien qu'on tient dans la main, quelque petit qu'il soit, parce qu'on en espère un plus considérable.

ἐπεὶ ἔσομαι καὶ	après-que je serai même
εἰς ὠφέλειαν μείζονά σοι. »	à utilité plus-grande à-toi. »
Καὶ ὁ Ἁλιεὺς εἶπεν·	Et le Pêcheur dit :
« Ἀλλ' ἔγωγε ἂν εἴην [4]	« Mais moi-certes je serais
ἄνους,	insensé,
εἰ παρεὶς τὸ κέρδος	si ayant-laissé-aller le gain
ἐν χερσί,	dans les mains (que je tiens),
κἂν [5] ᾖ σμικρόν,	quoique il soit petit,
ἐλπίζοιμι τὸ προςδοκώμενον,	je comptais-sur le gain attendu
κἂν ὑπάρχῃ μέγα. »	quoique il se-trouve-être grand. »
Ἐπιμύθιον.	MORALE.
Ὁ μῦθος δηλοῖ	La fable montre
ὅτι ὁ ἀφεὶς	que l'homme ayant-laissé-aller
τὰ ἐν χερσίν,	les choses qu'il tient dans les mains,
ὄντα σμικρά,	étant petites,
δι' ἐλπίδα μείζονος [6],	par l'espérance d'un bien plus grand,
ἂν εἴη ἀλόγιστος.	serait déraisonnable.

---

véritable substantif, qui a tous les cas. Ici τὸ τυγχάνειν est à l'accus., complément de la prép. διά.

[4] Ἂν εἴην. — Sur la force de ἄν joint à un verbe, voy. F. I, not. 5.

[5] Κἄν, pour καὶ ἄν, et-si, quoique.

[6] Μείζονος, s.-ent. πράγματος ou χρήματος.

ΜΥΘΟΣ ΚΕ'—XXV.
ΓΕΩΡΓΟΣ ΚΑΙ ΠΑΙΔΕΣ ΑΥΤΟΥ.

Γεωργός τις, μέλλων καταλύειν τὸν βίον [1], καὶ βουλόμενος τοὺς ἑαυτοῦ παῖδας πεῖραν λαβεῖν τῆς γεωργίας, προσκαλεσάμενος [2] αὐτούς, ἔφη· « Παῖδες ἐμοί, ἐγὼ μὲν ἤδη [3] τοῦ βίου ὑπέξειμι· ὑμεῖς δ' ἅπερ ἐν τῇ ἀμπέλῳ μοι [4] κέκρυπται ζητήσαντες εὑρήσετε πάντα. » Οἱ μὲν οὖν οἰηθέντες θησαυρὸν ἐκεῖ που [5] κατορωρύχθαι, πᾶσαν τὴν τῆς ἀμπέλου γῆν μετὰ τὴν ἀποβίωσιν τοῦ πατρὸς κατέσκαψαν· καὶ θησαυρῷ μὲν οὐ περιέτυχον, ἡ δὲ ἄμπελος, καλῶς σκαφεῖσα, πολλαπλασίονα τὸν καρπὸν ἀνέδωκεν.

Ἐπιμύθιον.

Ὁ μῦθος δηλοῖ ὅτι ὁ κάματος θησαυρός ἐστι τοῖς ἀνθρώποις.
(La Fontaine, v, 6.)

ΜΥΘΟΣ ΚΕ'.
ΓΕΩΡΓΟΣ ΚΑΙ ΠΑΙΔΕΣ ΑΥΤΟΥ.

Τὶς Γεωργός,
μέλλων καταλύειν
τὸν βίον [1],
καὶ βουλόμενος
τοὺς παῖδας ἑαυτοῦ
λαβεῖν πεῖραν
τῆς γεωργίας,
προσκαλεσάμενος [2] αὐτούς,
ἔφη· « Ἐμοὶ παῖδες,
μὲν ἐγὼ ὑπέξειμι
ἤδη [3] τοῦ βίου,
δὲ ὑμεῖς ζητήσαντες
εὑρήσετε πάντα
ἅπερ κέκρυπταί μοι [4]
ἐν τῇ ἀμπέλῳ. »

FABLE XXV.
LE LABOUREUR ET SES ENFANTS.

Un Laboureur,
étant-sur-le-point-de finir
la (sa) vie,
et voulant
les enfants de-lui-même
avoir-acquis *l'*expérience
de-la culture-de-la-terre,
ayant-appelé-auprès-de-lui eux,
dit : « Mes enfants,
d'un-côté je sortirai
tout-à-l'heure de-la-vie,
mais vous ayant-cherché
vous trouverez toutes *les choses*
qui ont-été-cachées par moi
dans la (ma) vigne. »

XXV. — [1] Καταλύειν τὸν βίον, « *mourir,* » m. à m. terminer sa vie. Καταλύειν s'emploie seul dans le même sens; il est alors intransitif.

[2] Προσκαλεσάμενος, *ayant appelé (auprès de lui)*; sens du moyen. La voix moyenne exprime en général une action *causée et soufferte par la même personne,* ou bien *retour de l'action vers le sujet.*

FABLE XXV.

LE LABOUREUR ET SES ENFANTS.

A ses derniers moments, un Laboureur désirant que ses fils se livrassent à l'agriculture, les appela auprès de lui et leur dit : « Mes enfants, je vais bientôt quitter la vie ; cherchez dans ma vigne et vous trouverez tout ce que j'y ai caché. » Après que le père fut mort, les fils pensant qu'il y avait quelque part un trésor enfoui, bêchèrent la vigne dans toute son étendue ; ils ne trouvèrent pas de trésor, mais la vigne, ainsi bien cultivée, donna une récolte beaucoup plus abondante que d'habitude.

MORALE.

Cette fable montre que le travail est un trésor pour l'homme.

Οὖν μὲν	Donc à-la-vérité
οἱ οἰηθέντες	ceux-ci ayant-pensé
θησαυρὸν κατορωρύχθαι	un trésor avoir-été-enfoui
ἐκεῖ που³,	là quelque-part,
κατέσκαψαν πᾶσαν τὴν γῆν	creusèrent toute la terre
τῆς ἀμπέλου	de-la vigne
μετὰ τὴν ἀποβίωσιν τοῦ πα-	après la mort du (de leur) père ;
καὶ μὲν [τρός·	et d'un-côté
οὐ περιέτυχον θησαυρῷ,	ils ne rencontrèrent pas un trésor,
δὲ ἡ ἄμπελος,	mais la vigne,
σκαφεῖσα καλῶς,	ayant-été-creusée bien,
ἀνέδωκε τὸν καρπὸν	rendit le (son) fruit
πολλαπλασίονα.	beaucoup-plus-abondant.
Ἐπιμύθιον.	MORALE.
Ὁ μῦθος δηλοῖ	La fable montre
ὅτι ὁ κάματός ἐστι θησαυρὸς	que le travail est un trésor
τοῖς ἀνθρώποις.	pour-les hommes.

---

³ Ἤδη, en latin, *jam*, employé avec le futur, répond à notre locution : *je vais*, avec un infinitif.

⁴ Μοί, datif complément de κέκρυπται. Le compl. du verbe passif se met ainsi souvent au datif.

⁵ Που n'est pas explétif ici, comme on le voit quelquefois ; il signifie : « dans quelque endroit de la vigne, »

ΑΙΣΩΠΟΥ ΜΥΘΟΙ.

ΜΥΘΟΣ Κς'—XXVI.
ΚΑΛΑΜΟΣ ΚΑΙ ΕΛΑΙΑ.

Διὰ¹ καρτερίαν² καὶ ἰσχὺν καὶ ἡσυχίαν Κάλαμος καὶ Ἐλαία ἤριζον. Τοῦ δὲ Καλάμου ὀνειδιζομένου³ ὑπὸ τῆς Ἐλαίας, ὡς ἀδυνάτου καὶ ῥαδίως ὑποκλινομένου πᾶσι τοῖς ἀνέμοις, ὁ Κάλαμος σιωπῶν οὐκ ἐφθέγξατο. Καὶ μικρὸν⁴ ὑπομείνας, ἐπειδὴ ἄνεμος ἔπνευσεν ἰσχυρός, ὁ μὲν Κάλαμος, ὑποσεισθεὶς καὶ ὑποκλιθεὶς τοῖς ἀνέμοις, ῥαδίως διεσώθη· ἡ δ' Ἐλαία, ἐπειδὴ ἀντέτεινε τοῖς ἀνέμοις, κατεκλάσθη τῇ βίᾳ.

Ἐπιμύθιον.

Ὁ μῦθος δηλοῖ ὅτι οἱ τῷ καιρῷ καὶ τοῖς κρείττοσιν αὐτῶν μὴ ἀνθιστάμενοι, κρείττους⁵ εἰσὶ τῶν πρὸς μείζονας φιλονεικούντων.

(BABRIUS, XXXI [36];—APHTHON, 36; — AVIENUS, 16; — IGNAT., 11;—LA FONTAINE, I, 22.)

ΜΥΘΟΣ Κς'.
ΚΑΛΑΜΟΣ ΚΑΙ ΕΛΑΙΑ.

Κάλαμος καὶ¹ Ἐλαία
ἤριζον
διὰ καρτερίαν²
καὶ ἰσχὺν
καὶ ἡσυχίαν.
Δὲ τοῦ Καλάμου
ὀνειδιζομένου³ ὑπὸ τῆς Ἐλαίας
ὡς ἀδυνάτου
καὶ ὑποκλινομένου ῥαδίως
πᾶσι τοῖς ἀνέμοις,
ὁ Κάλαμος σιωπῶν
οὐκ ἐφθέγξατο.
Καὶ ὑπομείνας μικρόν⁴,
ἐπειδὴ ἄνεμος ἰσχυρὸς
ἔπνευσεν,

FABLE XXVI.
LE ROSEAU ET L'OLIVIER.

Un Roseau et un Olivier
étaient-en querelle
touchant *leur* fermeté (contre l'ennemi)
et *leur* force (dans la lutte)
et *leur* calme-tranquillité (dans le péril).
Or le Roseau
étant-injurié par l'Olivier,
comme *étant* faible
et étant-courbé facilement
par-tous les vents,
le Roseau gardant-le-silence
ne parla *pas*.
Et ayant-attendu *un*-peu,
après-que *un* vent fort
souffla,

XXVI. — ¹ Διά, « au sujet de...; » très-rare dans ce sens.
² Καρτερίαν... ἰσχὺν... ἡσυχίαν. Le sens propre de ces mots est : καρτερία, *patience*, qui est la preuve de la force ; — ἰσχύς, *force*;— ἡσυχία, *tranquillité*, qui provient de la conscience qu'on a de sa force.

FABLE XXVI.

LE ROSEAU ET L'OLIVIER.

Le Roseau et l'Olivier disputaient sur la force, la vigueur et la calme fermeté de chacun d'eux. Aux injures de l'Olivier qui lui reprochait sa faiblesse et la facilité avec laquelle il cédait à tous les vents, le Roseau ne répondit rien et garda le silence. Peu de temps après, un vent violent s'éleva : le Roseau, ployé et courbé sous ses efforts, échappa facilement; l'Olivier, au contraire, en voulant lui résister, fut brisé par sa violence.

MORALE.

Cette fable montre qu'il vaut mieux céder aux circonstances et à la supériorité de la force que lutter contre plus puissant que soi.

———o—◇—o———

μὲν ὁ Κάλαμος,	d'un-côté le Roseau,
ὑποσεισθεὶς	ayant-été-agité
καὶ ὑποκλινθεὶς τοῖς ἀνέμοις,	et ayant-été-courbé par-les vents,
διεσώθη ῥᾳδίως·	fut-sauvé facilement;
δὲ ἡ Ἐλαία,	de-l'autre-côté l'Olivier,
ἐπειδὴ ἀντέτεινε	comme il luttait-contre
τοῖς ἀνέμοις,	les vents,
κατεκλάσθη τῇ βίᾳ.	fut-brisé par-la (leur) violence.
Ἐπιμύθιον.	MORALE.
Ὁ μῦθος δηλοῖ	La fable montre
ὅτι οἱ μὴ ἀνθιστάμενοι	que les *hommes* ne résistant *pas*
τῷ καιρῷ	aux circonstances
καὶ τοῖς κρείττοσιν	et aux *hommes* plus-puissants
αὐτῶν,	qu'eux-mêmes,
εἰσὶ κρείττους [5]	sont meilleurs (plus-sages)
τῶν φιλονεικούντων	que-les *hommes* disputant
πρὸς μείζονας.	contre *des* plus-grands.

[3] Τοῦ δὲ Καλάμου, etc.—Il n'est pas correct d'employer le gén. absolu, quand le sujet du participe est le même que le sujet de la propos. principale.

[4] Μικρόν, « un peu, » adjectif neutre pris adverbialement.

[5] Κρείττους, littéralement: *plus forts, meilleurs;* ici dans le sens de : *plus habiles, plus sages.*

ΜΥΘΟΚ ΚΖ'—XXVII.
ΑΝΘΡΩΠΟΣ ΚΑΤΑΘΡΑΥΣΑΣ ΑΓΑΛΜΑ.

Ἄνθρωπός τις ξύλινον ἔχων θεόν, καθικέτευε τοῦ ἀγαθοποιῆσαι αὐτόν. Ὡς οὖν ταῦτα ἔπραττε, καὶ οὐδὲν ἧττον ἐν πενίᾳ διῆγε[1], θυμωθείς, ἄρας αὐτὸν τῶν σκελῶν[2], ἔῤῥιψεν εἰς τὸ ἔδαφος. Προσκρουσάσης οὖν τῆς κεφαλῆς, καὶ αὐτίκα κλασθείσης, χρυσὸς ἔῤῥευσεν ὅτι πλεῖστος[3], ὅνπερ δὴ συνάγων ὁ Ἄνθρωπος ἐβόα· « Στρεβλὸς ὑπάρχεις, ὥς γε οἶμαι, καὶ ἀγνώμων[4]· τιμῶντά σε γὰρ ἥκιστά με ὠφέλησας, τυπτήσαντα[5] δέ σε πολλοῖς καλοῖς ἀμείβῃ. »

Ἐπιμύθιον.

Ὁ μῦθος δηλοῖ ὅτι οὐκ ὠφελήσῃ[6] τιμῶν πονηρὸν ἄνθρωπον, τύπτων δὲ αὐτόν, μᾶλλον ὠφελήσῃ.

(La Fontaine, iv, 8.)

ΜΥΘΟΣ ΓΖ'.	FABLE XXVII.
ΑΝΘΡΩΠΟΣ ΚΑΤΑΘΡΑΥΣΑΣ ΑΓΑΛΜΑ.	L'HOMME QUI A BRISÉ UNE STATUE.
Τὶς Ἄνθρωπος	Un homme
ἔχων θεὸν ξύλινον,	ayant *un* dieu de-bois,
καθικέτευε	*le* suppliait
τοῦ ἀγαθοποιῆσαι	de avoir-fait-du-bien (de faire du bien)
αὐτόν.	à-lui-même.
Οὖν ὡς ἔπραττε ταῦτα,	Donc comme *il* faisait *ces choses*,
καὶ διῆγε 1 οὐδὲν ἧττον	et *qu'il* passait *sa vie* non moins
ἐν πενίᾳ,	dans *la* pauvreté,
θυμωθείς,	ayant-été-saisi-de-colère,
ἄρας αὐτὸν τῶν σκελῶν 2,	ayant-pris lui par-les jambes,
ἔῤῥιψεν εἰς τὸ ἔδαφος.	il le jeta sur le sol.
Οὖν τῆς κεφαλῆς προσκρουσάσης,	Donc la tête ayant-heurté-contre
καὶ κλασθείσης αὐτίκα,	et ayant-été-brisée aussitôt,

XXVII. — [1] Διῆγε, s.-ent. τὸν βίον, *passait sa vie.* De même, en latin : *degere vitam*, ou *degere* seul, intransitif.

[2] Ἄρας τῶν σκελῶν, « *ayant pris par les jambes.* » Le nom de la *partie*, qui se met en latin à l'ablatif, se met au génitif en grec.

[3] Ὅτι πλεῖστος, *quàm plurimus; en très-grande quantité.* — On joint souvent au superlatif les adverbes conjonctifs ὡς, ὅπως, ὅτι, ᾗ, ὅσον, dans le sens du latin *quàm* avec le superlatif.

FABLE XXVII.
L'HOMME QUI A BRISÉ UNE STATUE.

Un homme avait un dieu en bois et le suppliait de lui accorder ses bienfaits. Irrité de voir que, malgré ses prières, il n'en vivait pas moins dans la pauvreté, il le prit par les jambes et le jeta à terre. La tête de la statue frappa contre le sol et se brisa aussitôt; il en sortit de l'or en très-grande quantité, et notre homme, en le ramassant, s'écriait : « Tu es, selon moi, un dieu bizarre et ingrat; car quand je t'honorais, tu ne m'as jamais fait de bien; quand je te frappe, tu me récompenses par d'abondantes richesses. »

MORALE.

Cette fable montre que l'on ne gagne rien à honorer un méchant, et que l'on gagne davantage à le frapper.

χρυσὸς ὅτι πλεῖστος³ ἐρρευσεν,	de l'or en-très-grande-quantité s'écoula,
ὅνπερ συνάγων δὴ ὁ Ἄνθρωπος ἐβόα·	lequel rassemblant certes l'Homme criait :
« Ὥς γε οἶμαι, ὑπάρχεις στρεβλὸς καὶ ἀγνώμων⁴·	« Comme assurément je pense, tu te-trouves-être (tu es) bizarre et ingrat;
γὰρ ὠφέλησας ἥκιστά με τιμῶντά σε,	car tu n'as-été-utile nullement à-moi honorant toi,
δὲ ἀμείβῃ καλοῖς πολλοῖς τυπτήσαντά⁵ σε. »	mais tu récompenses par-des biens nombreux moi ayant-frappé toi. »
Ἐπιμύθιον.	MORALE.
Ὁ μῦθος δηλοῖ ὅτι οὐκ ὠφελήσῃ⁶ τιμῶν ἄνθρωπον πονηρόν, δὲ ὠφελήσῃ μᾶλλον, τύπτων αὐτόν.	La fable montre que tu n'auras-pas-d'avantage honorant un homme méchant, mais (que) tu auras-de-l'avantage plus frappant lui.

---

⁴ Ἀγνώμων, « ingrat. » C'est l'acception la plus ordinaire du mot, quoique par sa composition il doive signifier insensé. (ἀ priv., — γνώμη, bon sens.)

⁵ Τυπτήσαντα, part. aor. 1, act. — Τύπτω a deux futurs : τύψω et τυπτήσω, Att.

⁶ Ὠφελήσῃ, futur à la fois pass. et moy. La forme régulière du futur pass., ὠφεληθήσομαι, n'est pas usitée.

ΜΥΘΟΣ ΚΗ'—XXVIII.

ΑΛΩΠΕΚΕΣ.

Ἀλώπηξ ἐν παγίδι ληφθεῖσα, καὶ ἀποκοπείσης τῆς οὐρᾶς διαδρᾶσα, ἀβίωτον[1] ὑπ' αἰσχύνης ἡγεῖτο τὸν βίον. Ἔγνω οὖν καὶ τὰς ἄλλας Ἀλώπεκας τοῦτ' αὐτὸ νουθετῆσαι[2], ὡς ἂν τῷ κοινῷ πάθει τὸ ἴδιον συγκαλύψειεν[3] αἶσχος. Καὶ δὴ πάσας ἀθροίσασα, παρῄνει τὰς οὐρὰς ἀποκόπτειν, ὡς[4] οὐκ ἀπρεπὲς μόνον τοῦτο τὸ μέλος ὄν[5], ἀλλὰ καὶ περιττὸν βάρος προσηρτημένον. Ὑπολα-

---

ΜΥΘΟΣ ΚΗ'.	FABLE XXVIII.
ΑΛΩΠΕΚΕΣ.	LES RENARDS.
Ἀλώπηξ	Un Renard
ληφθεῖσα ἐν παγίδι,	ayant-été-pris dans un piége,
καὶ διαδρᾶσα	et s'étant-sauvé
τῆς οὐρᾶς ἀποκοπείσης,	la (sa) queue ayant-été-coupée,
ἡγεῖτο τὸν βίον	regardait la vie
ἀβίωτον[1]	comme insupportable
ὑπ' αἰσχύνης.	à-cause-de la honte.
Οὖν ἔγνω	C'est-pourquoi il résolut
νουθετῆσαι[2]	d'avoir-conseillé (de conseiller)
καὶ τὰς ἄλλας Ἀλώπεκας	aussi aux autres Renards

XXVIII. — [1] Ἀβίωτον... βίον, *vie dont on ne peut pas vivre; vie insupportable.* Ennius, vieux poëte latin, a dit dans le même sens : *vitalis vita.*

[2] Νουθετῆσαι, verbe actif, dont le régime est τοῦτ' αὐτό : « *il résolut de leur conseiller cette même chose,* » c.-à-d., (de se couper aussi la queue).

[3] Συγκαλύψειεν.—Rapprochez cette forme de l'optat. aor. 1. *Eolique* de λύω :—λύσεια, ειας, ειε, pour λύσαιμι, σαις, σαι.

FABLE XXVIII.

LES RENARDS.

Un Renard avait été pris dans un piége et ne s'en était tiré qu'en y laissant sa queue; depuis, la honte lui rendait la vie insupportable. C'est pourquoi il résolut de conseiller aux autres Renards de se rendre semblables à lui, désirant cacher sa propre honte dans le malheur commun. Il les réunit donc tous et les engagea à se couper la queue, disant que non seulement c'était un membre disgracieux, mais encore un fardeau superflu qu'ils avaient à traîner. Un autre Renard prit la parole après

---

τοῦτ' αὐτό,	cette même *chose*,
ὡς ἂν συγκαλύψειεν [3]	afin-que *il* pût-envelopper
τῷ πάθει κοινῷ	*dans* le malheur commun
τὸ αἶσχος ἴδιον.	la (sa) honte particulière.
Καὶ δὴ	Et en-conséquence
ἀθροίσασα πάσας,	ayant-réuni tous *les Renards*,
παρῄνει	*il les* exhortait
ἀποκόπτειν τὰς οὐράς,	à-couper les (leurs) queues,
ὡς [4] τοῦτο τὸ μέλος	comme ce membre
ὂν [5] οὐ μόνον ἀπρεπές,	étant non-seulement vilain,
ἀλλὰ καὶ βάρος περιττὸν	mais encore *étant un* poids superflu
προσηρτημένον.	attaché-à-*eux*.

---

[4] Ὡς οὐκ ἀπρεπὲς.... ὄν.—Remarquez que dans les phrases de ce genre, ὡς annonce toujours le motif qui fait agir ceux dont on parle ; mot-à-mot : *comme ce membre étant non-seulement*, etc.

[5] Τοῦτο τὸ μέλος ὄν, accusatif absolu, c'est-à-dire qui n'est complément d'aucun verbe. — On sait que les Grecs mettent ordinairement au génitif ce que les Latins expriment par l'ablatif qu'on nomme absolu ; quelquefois pourtant ils mettent au lieu du génitif l'accusatif, que

βοῦσα⁶ δέ τις αὐτῶν, εἶπεν· « Ὦ αὕτη, ἀλλ' εἰ οὔ σοι τοῦτο συνέφερεν, οὐκ ἂν ἡμῖν αὐτὸ συνεβούλευες. »

’Επιμύθιον.

Ὁ μῦθος δηλοῖ ὅτι οἱ πονηροὶ τῶν ἀνθρώπων οὐ δι' εὔνοιαν τὰς πρὸς τοὺς πέλας⁷ ποιοῦνται συμβουλίας, διὰ δὲ τὸ αὐτοῖς συμφέρον.

(Faerne, iv, 10; — La Fontaine, v, 5.

Δέ τις αὐτῶν ὑπολαβοῦσα⁶, εἶπεν· « Ὦ αὕτη, ἀλλ' εἰ τοῦτο οὐ συνέφερέ σοι, οὐκ ἂν συνεβούλευες αὐτὸ ἡμῖν. »	Mais quelqu'un d'eux ayant-repris *la parole*, dit : « O toi, mais si cette *chose* n'était-*pas*-utile à-toi, tu ne conseillerais *pas* elle à-nous. »

---

l'on explique alors par une préposition sous-entendue, comme διά, à cause de.

⁶ Ὑπολαβοῦσα, *ayant pris ensuite*, s.-ent τὸν λόγον, *la parole*;

lui : « Hé! l'ami, dit-il, si tu n'y trouvais ton avantage, tu ne nous donnerais pas un tel conseil. »

MORALE.

Cette fable montre que quand le méchant donne des conseils au prochain, il le fait dans son propre intérêt et non par bienveillance.

———————

Ἐπιμύθιον.	MORALE.
Ὁ μῦθος δηλοῖ	La fable montre
ὅτι οἱ πονηροὶ τῶν ἀνθρώπων	que les méchants des (d'entre les) hommes
οὐ ποιοῦνται τὰς συμβουλίας	ne font (donnent) *pas* les conseils
πρὸς τοὺς πέλας 7	aux *étant* près (au prochain)
δι' εὔνοιαν,	par bienveillance,
δὲ διὰ τὸ συμφέρον	mais à-cause du étant-utile
αὐτοῖς.	à-eux-mêmes.

complément, qui est rarement exprimé. *Reprendre*, en français, s'emploie de même.

[7] Τοὺς πέλας répond à l'expression française : *le prochain*.

ΜΥΘΟΣ ΚΘ'—XXIX.

ΛΥΚΟΣ ΚΑΙ ΓΡΑΥΣ.

Λύκος λιμώττων περιῄει, ζητῶν τροφήν. Γενόμενος δὲ κατά τινα τόπον, ἤκουσε παιδίου κλαίοντος, καὶ Γραὸς λεγούσης αὐτῷ· « Παῦσαι τοῦ κλαίειν[1]· εἰ δὲ μή, τῇ ὥρᾳ ταύτῃ ἐπιδώσω σε τῷ Λύκῳ. » Οἰόμενος δὴ ὁ Λύκος, ὅτι ἀληθεύει ἡ Γραῦς, ἵστατο πολλὴν ἐκδεχόμενος ὥραν[2]. Ὡς δ' ἑσπέρα κατέλαβεν[3], ἀκούει πάλιν τῆς Γραὸς κολακευούσης τὸ παιδίον, καὶ λεγούσης αὐτῷ· « Ἐὰν ἔλθῃ ὁ Λύκος δεῦρο, φονεύσομεν, ὦ τέκνον, αὐτόν. » Ταῦτα ἀκούσας, ὁ Λύκος ἐπορεύετο, λέγων·

ΜΥΘΟΣ ΚΘ'.	FABLE XXIX.
ΛΥΚΟΣ ΚΑΙ ΓΡΑΥΣ.	LE LOUP ET LA VIEILLE FEMME.
Λύκος λιμώττων περιῄει,	*Un* Loup ayant-faim errait-çà-et-là,
ζητῶν τροφήν.	cherchant *de la* nourriture.
Δὲ γενόμενος κατά τινα τόπον,	Or étant-arrivé à un-certain lieu,
ἤκουσε παιδίου κλαίοντος, καὶ Γραὸς λεγούσης αὐτῷ·	il entendit *un* petit-enfant pleurant et *une* vieille-femme disant à-lui :
« Παῦσαι τοῦ κλαίειν 1· εἰ δὲ μή, ἐπιδώσω σε ταύτῃ τῇ ὥρᾳ τῷ Λύκῳ. »	« Cesse de pleurer; sinon, *je* donnerai toi à cette heure (à l'instant même) au Loup. »
Δὴ ὁ Λύκος οἰόμενος	Or le Loup pensan

XXIX. — [1] Παῦσαι τοῦ κλαίειν ; tourn. correspondante à la tourn. française. Le participe présent après παύομαι est plus usité

FABLE XXIX.

LE LOUP ET LA VIEILLE.

Un Loup affamé errait çà et là cherchant une proie. Arrivé dans un certain endroit, il entendit un petit enfant qui criait et une vieille femme qui lui disait : « Cesse de pleurer ; sinon, je te donne à l'instant même au Loup. » Notre Loup, croyant que la vieille femme disait vrai, s'arrêta et attendit pendant longtemps. Mais quand le soir vint, il entendit la vieille femme qui en flattant son enfant, lui disait : « Si le Loup vient ici, nous le tuerons, mon enfant. » Dès qu'il eut entendu ces paroles, le Loup s'en

---

ὅτι ἡ Γραῦς	que la vieille-femme
ἀληθεύει,	dit-la-vérité,
ἵστατο ἐκδεχόμενος	se-tint-debout attendant
ὥραν πολλήν [2].	*une* heure grande (pendant longtemps).
Δὲ ὡς ἑσπέρα κατέλαβεν [3],	Mais quand *le* soir survint,
ἀκούει πάλιν	*il* entend de-nouveau
τῆς Γραὸς	la vieille-femme
κολακευούσης τὸ παιδίον,	flattant le petit-enfant,
καὶ λεγούσης αὐτῷ ·	et disant à-lui :
« Ἐὰν ὁ Λύκος	« Si le Loup
ἔλθῃ δεῦρο,	sera-venu (vient) ici,
ὦ τέκνον,	ô *mon* enfant,
φονεύσομεν αὐτόν. »	*nous* tuerons lui. »
Ὁ Λύκος ἀκούσας	Le Loup ayant-entendu
ταῦτα,	ces *paroles*,
ἐπορεύετο, λέγων ·	marchait (s'en alla), disant :

---

[2] Πολλὴν ὥραν. — Les noms de temps se mettent en grec à l'accusatif, de même que souvent en latin.
[3] Ὡς δ' ἑσπέρα κατέλαβεν. — Voy. F. XII, not. 1.

« Ἐν ταύτῃ τῇ ἐπαύλει ἄλλα μὲν [4] λέγουσιν, ἄλλα δὲ πράττουσιν. »

Ἐπιμύθιον.

Ὁ μῦθος πρὸς ἀνθρώπους, οἵτινες τὰ ἔργα τοῖς λόγοις οὐκ ἔχουσιν ὅμοια.

(Babrius, 15; — Aphthonius, 39; — Avienus, 1; — Philibert Hégémon, fable 13 de *La Colombière* ou *Maison rustique*, édition de 1583, p. 54; — La Fontaine, iv, 16.)

« Ἐν ταύτῃ τῇ ἐπαύλει,	« Dans cette ferme,
μὲν [4] λέγουσιν	d'un-côté *ils* disent
ἄλλα,	*des choses* différentes,
δὲ πράττουσιν ·	de-l'autre-côté *ils* font
ἄλλα. »	*des choses* différentes.

---

[4] Ἄλλα μὲν..... ἄλλα δέ, *alia quidem dicunt, alia vero faciunt,*

alla en disant ; « Dans cette ferme, on dit une chose et on en fait une autre. »

MORALE.

Cette fable s'adresse aux hommes dont les actions et les paroles sont en opposition.

---o---∧---o---

Ἐπιμύθιον.	MORALE.
Ὁ μῦθος πρὸς ἀνθρώπους, οἵτινες οὐκ ἔχουσι τὰ ἔργα ὅμοια τοῖς λόγοις.	La fable *s'adresse* aux hommes, qui n'ont *pas* les actions pareilles aux (à leurs) paroles.

ce qui revient à notre locution un peu commune : *dire une chose et en faire une autre.*

ΜΥΘΟΣ Λ'—XXX.

ΠΟΙΜΗΝ ΚΑΙ ΘΑΛΑΣΣΑ.

Ποιμήν, ἐν παραθαλασσίῳ τόπῳ ποίμνιον νέμων, ἑωρακὼς γαληνιῶσαν τὴν θάλατταν, ἐπεθύμησε πλεῦσαι πρὸς ἐμπορίαν. Ἀπεμπολήσας οὖν τὰ πρόβατα, καὶ φοινίκων βαλάνους [1] πριάμενος, ἀνήχθη [2]. Χειμῶνος δὲ σφοδροῦ γενομένου, καὶ τῆς νεὼς κινδυνευούσης βαπτίζεσθαι, πάντα τὸν φόρτον ἐκβαλὼν εἰς τὴν θάλατταν, μόλις κενῇ τῇ νηῒ διεσώθη. Μετὰ δ' ἡμέρας οὐκ ὀλίγας, παριόντος τινός, καὶ τῆς θαλάττης (ἔτυχε γὰρ αὕτη γαληνιῶσα) τὴν ἠρεμίαν θαυμάζοντος, ὑπολαβὼν [3] οὗτος, εἶπε·

ΜΥΘΟΣ Λ'.	FABLE XXX.
ΠΟΙΜΗΝ ΚΑΙ ΘΑΛΑΣΣΑ	LE BERGER ET LA MER.
Ποιμήν,	Un Berger,
νέμων ποίμνιον	faisant-paître un troupeau
ἐν τόπῳ παραθαλασσίῳ,	dans un lieu voisin-de-la-mer,
ἑωρακὼς τὴν θάλατταν	ayant-vu la mer
γαληνιῶσαν,	étant-calme,
ἐπεθύμησε πλεῦσαι	désira avoir-navigué (naviguer)
πρὸς ἐμπορίαν.	pour le commerce (pour trafiquer).
Οὖν ἀπεμπολήσας	C'est-pourquoi ayant-vendu
τὰ πρόβατα,	les (ses) brebis,
καὶ πριάμενος	et ayant-acheté
βαλάνους [1] φοινίκων	des-dattes de-palmier,
ἀνήχθη [2].	il fut-porté-en-haut (il s'embarqua).
Δὲ χειμῶνος σφοδροῦ	Mais une tempête violente

XXX. — [1] Φοινίκων βαλάνους, « des fruits de palmier, dattes. » — Βάλανος, proprement gland, se dit aussi des fruits qui ont la forme du gland.

[2] Ἀνήχθη, « il s'embarqua. — Ἀνάγω signifie proprement : con-

FABLE XXX.

LE BERGER ET LA MER.

Un Berger faisait paître son troupeau près de la mer ; le calme qu'il y voyait régner lui donna le désir de s'embarquer pour faire du commerce. Il vendit donc ses brebis, acheta des dattes et partit. Mais une tempête violente qui s'éleva faillit submerger le vaisseau ; il jeta toute la cargaison dans la mer et se sauva à grand'peine avec son vaisseau vide. Plusieurs jours après, quelqu'un passait et s'extasiait devant le calme de la mer, qui se trouvait alors tranquille ; notre Berger prit la parole et s'écria :

---o--◆--o---

γενομένου,	étant-survenue,
καὶ τῆς νεὼς κινδινευούσης	et le vaisseau étant-sur-le-point
βαπτίζεσθαι,	d'être-plongé (submergé),
ἐκβαλὼν εἰς τὴν θάλατταν	ayant-jeté-hors dans la mer
πάντα τὸν φόρτον,	toute la cargaison,
διεσώθη μόλις	il fut-sauvé à-grand'-peine
τῇ νηὶ κενῇ.	avec-le vaisseau vide.
Δὲ μετὰ ἡμέρας	Or après *des* jours
οὐκ ὀλίγας,	non peu-nombreux,
τινὸς παριόντος,	quelqu'un passant-près-de-là,
καὶ θαυμάζοντος	et admirant
τὴν ἠρεμίαν τῆς θαλάττης	la tranquillité de-la mer,
(γὰρ αὕτη	(car celle-ci
ἔτυχε γαληνιῶσα),	se-trouva-par-hasard paisible),
οὗτος ὑπολαβὼν [3]	celui-ci ayant repris *la parole,*

duire de bas en haut, et, comme du rivage la surface de la mer paraît plus haute que la terre et semble s'élever insensiblement, on a dit ἀνάγεσθαι pour *s'embarquer, ferri in altum,* être porté vers la *haute* mer.

[3] Ὑπολαβών. — Voy. F. XXVIII, not. 6.

« Φοινίκων αὖθις, ὡς ἔοικεν, ἐπιθυμεῖ, καὶ διὰ τοῦτο φαίνεται ἡσυχάζουσα. »

Ἐπιμύθιον.

Ὁ μῦθος δηλοῖ ὅτι τὰ παθήματα [4] τοῖς ἀνθρώποις μαθήματα γίνεται.

(La Fontaine, iv, 2.)

εἶπεν· « Ὡς ἔοικεν, ἐπιθυμεῖ αὖθις φοινίκων, καὶ φαίνεται ἡσυχάζουσα διὰ τοῦτο. »

dit : « Comme *il* semble, *elle* désire encore des-dattes, et *elle* se-montre tranquille à-cause-de cela. »

---

[4] Τὰ παθήματα...... μαθήματα. — En grec, comme en français,

FABLES D'ÉSOPE.

« Elle a encore envie de dattes, à ce qu'il paraît ; c'est pour cela qu'elle se montre paisible. »

MORALE.

Cette fable montre que le malheur sert de leçon aux hommes.

Ἐπιμύθιον.
Ὁ μῦθος δηλοῖ
ὅτι τὰ παθήματα [4]
γίνεται μαθήματα
τοῖς ἀνθρώποις.

MORALE.
La fable montre
que les (leurs) malheurs
deviennent *des* enseignements
pour-les hommes.

---

dans des phrases semblables, c'est le nom précédé de l'article qui est le sujet (τὰ παθήματα); l'autre est l'attribut (μαθήματα).

ΜΥΘΟΣ ΛΑ'—XXXI.

ΛΕΩΝ ΚΑΙ ΑΛΩΠΗΞ.

Λέων γηράσας, καὶ μὴ δυνάμενος διαρκέσαι αὐτῷ εἰς τροφήν, ἔγνω δι' ἐπινοίας τι πρᾶξαι. Καὶ δὴ παραγενόμενος ἐν σπηλαίῳ τινί, καὶ κατακλινθείς, προσεποιεῖτο νοσεῖν. Παραγενόμενα οὖν τὰ ζῶα, ἐπισκέψεως χάριν[1], συλλαμβάνων, κατήσθιεν αὐτά. Πολλῶν οὖν ζώων ἀναλωθέντων, Ἀλώπηξ, τὸ τέχνασμα τοῦτο γνοῦσα, παρεγένετο πρὸς αὐτόν, καὶ στᾶσα ἔξωθεν τοῦ σπηλαίου, ἐπυνθάνετο[2] πῶς ἔχει[3]. Τοῦ δὲ εἰπόντος « Κακῶς, » καὶ τὴν αἰτίαν πυνθανομένου δι' ἣν οὐκ εἰσέρχεται, ἡ Ἀλώπηξ

ΜΥΘΟΣ ΛΑ'.	FABLE XXXI.
ΛΕΩΝ ΚΑΙ ΑΛΩΠΗΞ.	LE LION ET LE RENARD.
Λέων γηράσας,	Un Lion ayant-vieilli,
καὶ μὴ δυνάμενος	et ne pouvant *plus*
διαρκέσαι	avoir-suffi (suffire)
αὐτῷ	à-lui-même
εἰς τροφήν,	pour *la* (sa) nourriture,
ἔγνω πρᾶξαι τι	résolut de-faire quelque-chose
δι' ἐπινοίας.	par artifice.
Καὶ δὴ παραγενόμενος	Et en-conséquence étant-allé
ἔν τινι σπηλαίῳ,	dans un-certain antre,
καὶ κατακλινθείς,	et s'étant-couché,
προσεποιεῖτο νοσεῖν.	*il* feignait d'être-malade.
Οὖν συλλαμβάνων τὰ ζῶα	Donc s'emparant des animaux

XXXI. — [1] Χάριν, acc. sing. de χάρις, ιτος, employé comme préposition dans le sens du latin : *causa, gratiā*.

[2] Ἐπυνθάνετο πῶς ἔχει, « lui demanda comment il se portait. » Dans cette sorte de phrase, nous mettons le second verbe à l'impar-

FABLE XXXI.

LE LION ET LE RENARD.

Le Lion devenu vieux et ne pouvant plus suffire à sa propre nourriture imagina une ruse. Il se retira dans un antre, s'y coucha et fit le malade; puis, lorsque les animaux venaient pour le voir, il les saisissait et en faisait sa proie. Un grand nombre avaient déjà péri, quand le Renard, qui avait pénétré cette ruse, se présenta, et, se tenant hors de l'antre, s'informa comment il se portait. Le Lion répondit : « Fort mal », et demanda pour quel motif il n'entrait pas. « C'est que, répondit le Renard, je vois

---

παραγενόμενα	venus-auprès *de lui*
χάριν[1] ἐπισκέψεως,	pour-cause de-visite,
κατήσθιεν αὐτά.	*il* dévorait eux.
Οὖν ζώων πολλῶν	Donc *des* animaux nombreux
ἀναλωθέντων,	ayant-été-détruits,
Ἀλώπηξ, γνοῦσα	*un* Renard, ayant-reconnu
τοῦτο τὸ τέχνασμα,	cet artifice,
παρεγένετο πρὸς αὐτόν,	se-rendit vers lui,
καὶ στᾶσα	et s'étant-tenu-debout
ἔξωθεν τοῦ σπηλαίου,	en-dehors de-l'antre,
ἐπυνθάνετο[2] πῶς ἔχει[3].	demandait comment *il* se-porte.
Δὲ τοῦ εἰπόντος « Κακῶς, »	Mais lui ayant-dit « Mal, »
καὶ πυνθανομένου τὴν αἰτίαν	et demandant le motif
δι' ἣν οὐκ εἰσέρχεται,	pour lequel *il* n'entre pas,
ἡ Ἀλώπηξ ἔφη·	le Renard dit :

---

fait, tandis qu'en grec on le met toujours au présent, comme si la question était faite directement.

[3] Πῶς ἔχει. — Rem. que ἔχω joint à un adverbe prend le sens d'εἰμί, *être*; ainsi ἔχειν ὀλιγώρως (Démosth.), *être négligent*; comme s'il y avait εἶναι ὀλίγωρος.

ἔφη· « Ὅτι ὁρῶ ἴχνη πολλῶν εἰσιόντων, ὀλίγων δὲ ἐξιόντων. »

Ἐπιμύθιον.

Ὁ μῦθος δηλοῖ ὅτι οἱ φρόνιμοι τῶν ἀνθρώπων, ἐκ τεκμηρίων προορώμενοι τοὺς κινδύνους, ἐκφεύγουσι.

(PLATON, *Alcibiade*, 1er. § 37; — LUCILIUS. *Sat.*, p. 421; — HORACE, *Épîtres*, I, 1, 73; — PHÈDRE, *Append.*, 30; — BABRIUS, LXXXV; — LA FONTAINE, VI, 14.)

« Ὅτι ὁρῶ ἴχνη πολλῶν εἰσιόντων, δὲ ὀλίγων ἐξιόντων. »	« Parce que *je* vois *les* traces de-plusieurs *animaux* entrant, mais de-peu sortant. »
Ἐπιμύθιον.	MORALE.
Ὁ μῦθος δηλοῖ	La fable montre

beaucoup de traces de ceux qui entrent, et fort peu de ceux qui sortent.

MORALE.

Cette fable montre que les hommes prudents savent à certains signes prévoir le danger, et le fuir.

———o—◇—o———

ὅτι οἱ φρόνιμοι τῶν ἀνθρώπων,	que les sensés des (d'entre les) hommes,
προωρόμενοι τοὺς κινδύνους	prévoyant les dangers
ἐκ τεκμηρίων,	d'après *certains* indices
ἐκφεύγουσι.	*les* évitent.

ΜΥΘΟΣ ΛΒ'—XXXII.

ΑΛΩΠΗΞ ΚΑΙ ΠΙΘΗΚΟΣ.

Ἐν συνόδῳ ποτὲ τῶν ἀλόγων ζώων ὠρχήσατο Πίθηκος, καὶ εὐδοκιμήσας, βασιλεὺς ὑπ' αὐτῶν ἐχειροτονήθη [1]. Ἀλώπηξ δέ, αὐτῷ φθονήσασα, ὡς ἔν τινι παγίδι κρέας ἐθεάσατο, τὸν Πίθηκον λαβοῦσα [2] ἐνταῦθα [3] ἤγαγεν [4], ὡς εὕροι μὲν αὐτὴ λέγουσα [5] θησαυρὸν τοῦτον, μὴ μέντοι καὶ χρήσασθαι αὐτῷ· τῷ βασιλεῖ γὰρ τοῦτον ὁ νόμος δίδωσι. Καὶ προὐτρέπετο αὐτόν, ἅτε [6] δὴ βασι-

---

ΜΥΘΟΣ ΛΒ'.	FABLE XXXII.
ΑΛΩΠΗΞ ΚΑΙ ΠΙΘΗΚΟΣ.	LE RENARD ET LE SINGE.
Ποτὲ Πίθηκος	Un-jour le Singe
ὠρχήσατο ἐν συνόδῳ	dansa dans l'assemblée
τῶν ζώων ἀλόγων,	des animaux dénués-de-raison,
καὶ εὐδοκιμήσας,	et ayant-été-approuvé,
ἐχειροτονήθη [1] βασιλεὺς ὑπ'	fut-élu roi par eux.
Δὲ Ἀλώπηξ, [αὐτῶν.	Mais le Renard,
φθονήσασα αὐτῷ,	ayant-porté-envie à-lui,
ὡς ἐθεάσατο κρέας	comme il vit un morceau-de-chair
ἔν τινι παγίδι,	dans un-certain piége,

XXXII. — [1] Ἐχειροτονήθη, ind. aor. 1 pass. de χειροτονέω — ῶ (Rac. χείρ, main, et τείνω, étendre); voter en levant la main. C'est ainsi qu'à Athènes se donnaient les suffrages; c'est ainsi que l'on comptait les voix dans les élections des magistrats. Ce verbe est appliqué ici, par extension, aux animaux.

[2] Λαβοῦσα. — Rem. l'analogie avec le français: prendre quelqu'un avec soi, dans le sens de: se faire accompagner de quelqu'un.

[3] Ἐνταῦθα, s'emploie avec mouvement dans le sens de huc, et sans le mouvement dans le sens de ibi.

FABLE XXXII.

LE RENARD ET LE SINGE.

Dans une assemblée des animaux privés de raison, le Singe dansa de manière à se couvrir de gloire et fut élu roi. Le Renard, qui lui portait envie, ayant vu dans un piége un morceau de viande, prit avec lui le Singe et le conduisit à l'endroit, disant que c'était lui qui avait trouvé ce trésor, mais qu'il n'en avait pas fait usage, parce que c'était au roi que la loi le donnait. Puis il l'engagea à s'emparer, en sa qualité de roi, de ce trésor.

λαβοῦσα 2	ayant-pris (ayant emmené)
τὸν Πίθηκον,	le Singe,
ἤγαγεν 4 ἐνταῦθα 3,	le conduisit là,
λέγουσα 5 ὡς μὲν	disant que à-la-vérité
αὐτὴ εὕροι	lui-même a-trouvé
τοῦτον τὸν θησαυρόν,	ce trésor,
μέντοι μὴ χρήσασθαι	cependant n'avoir-*pas*-fait-usage
καὶ αὐτῷ·	aussi de-lui ;
γὰρ ὁ νόμος δίδωσι	car la loi donne
τοῦτον τῷ βασιλεῖ.	celui-ci au roi.
Καὶ προὐτρέπετο αὐτόν,	Et *il* engageait lui,
ἅτε 6 δὴ βασιλέα,	comme *étant* en-effet *le* roi,

---

4 Ἤγαγεν, aor. 2 indic. act. de ἄγω.—Sans le redoublement, cette forme se confondrait avec l'imparfait act. ἦγον.

5 Λέγουσα, etc. — De ce participe dépendent trois propositions, qui sont toutes les trois différentes: la première est construite avec ὡς et l'optatif (ὡς εὕροι μέν); la seconde est infinitive (μὴ χρήσασθαι αὐτῷ); la troisième, enfin, passe au discours direct (ὁ νόμος δίδωσι). Cette construction n'est pas d'un bon style; elle n'est pas à imiter.

6 Ἅτε, conjonction, *en qualité de*, *comme*, se construit avec un nom, ou un gén. abs., ou un part.; c'est proprement l'accus. plur. de ὅς-τε.

λέα, τὸν θησαυρὸν ἀνελέσθαι. Ὁ δ', ἀπερισκέπτως προσελθών, καὶ συλληφθεὶς ὑπὸ τῆς παγίδος, ὡς ἐξαπατήσασαν ἐμέμφετο τὴν Ἀλώπεκα. Ἡ δὲ πρὸς αὐτόν [7] · « Ὦ Πίθηκε, τοιαύτην σὺ μωρίαν ἔχων, τῶν ἀλόγων βασιλεύσεις; »

Ἐπιμύθιον.

Ὁ μῦθος δηλοῖ ὅτι οἱ πράξεσί τισιν ἀπερισκέπτως [8] ἐπιχειροῦντες [9], δυστυχήμασι περιπίπτουσι.

(LA FONTAINE, VI, 6.)

ἀνελέσθαι τὸν θησαυρόν.	à-emporter le **trésor.**
Δὲ ὁ, προσελθὼν ἀπερισκέπτως,	Mais celui-ci, s'étant approché inconsidérément,
καὶ συλληφθεὶς ὑπὸ τῆς πα-[γίδος,]	et ayant-été-pris par le piége,
ἐμέμφετο τὴν Ἀλώπεκα ὡς ἐξαπατήσασαν.	accusait le Renard comme *l'*ayant-trompé.
Δὲ ἡ πρὸς αὐτόν [7] ·	Mais celui-ci *dit* à-lui :
« Ὦ Πίθηκε,	« O Singe,

[7] Ἡ δὲ πρὸς αὐτόν, *sous-entendu*, ἔφη.
[8] Ἀπερισκέπτως, *inconsidérément*, mot-à-mot: *sans regarder autour de soi*. — Rac. ἀ privatif; περὶ, autour; σκέπτομαι, j'examine.

Le Singe s'approcha inconsidérément et fut pris dans le piége. Il accusait le Renard de l'avoir trompé ; celui-ci répondit : « Comment, ô Singe, pourrais-tu, sot comme tu l'es, régner sur des animaux privés de raison ? »

MORALE.

Cette fable montre que ceux qui s'engagent sans réflexion dans une entreprise s'attirent des malheurs.

σὺ ἔχων τοιαύτην μωρίαν, | toi ayant *une* telle folie,
βασιλεύσεις | gouverneras-*tu* (pourrais-tu gouverner)
τῶν ἀλόγων; » | les *animaux* dénués-de-raison ? »

    Ἐπιμύθιον. | MORALE.
Ὁ μῦθος δηλοῖ | La fable montre
ὅτι οἱ ἐπιχειροῦντες 9 | que les *hommes* entreprenant
τισὶ πράξεσιν ἀπερισκέπτως 8, | certaines choses inconsidérément,
περιπίπτουσι δυστυχήμασι. | tombent-dans *des* malheurs.

---

9 Ἐπιχειροῦντες, — Rac : Ἐπί et χείρ, main ; *entreprendre*, mot-à-mot, *mettre la main à*.

ΜΥΘΟΣ ΛΓ″—XXXIII.

ΛΑΓΩΟΙ ΚΑΙ ΒΑΤΡΑΧΟΙ.

Οἱ Λαγωοί ποτε συνελθόντες, τὸν ἑαυτῶν πρὸς ἀλλήλους ἀπεκλαίοντο βίον, ὡς ἐπισφαλὴς εἴη[1], καὶ δειλίας πλέως· καὶ γὰρ καὶ ὑπ' ἀνθρώπων, καὶ κυνῶν, καὶ ἀετῶν, καὶ ἄλλων πολλῶν ἀναλίσκονται· βέλτιον οὖν εἶναι[2] θανεῖν ἅπαξ, ἢ διὰ βίου τρέμειν. Τοῦτο τοίνυν κυρώσαντες, ὥρμησαν κατὰ ταὐτὸν[3] εἰς τὴν λίμνην, ὡς εἰς αὐτὴν ἐμπεσούμενοι, καὶ ἀποπνιγησόμενοι. Τῶν δὲ καθημένων κύκλῳ τῆς λίμνης βατράχων, ὡς τὸν τοῦ δρόμου κτύπον ᾔσθοντο, εὐθὺς εἰς ταύτην εἰσπηδησάντων, τῶν

ΜΥΘΟΣ ΛΓ΄.	FABLE XXXIII.
ΛΑΓΩΟΙ ΚΑΙ ΒΑΤΡΑΧΟΙ.	LES LIÈVRES ET LES GRENOUILLES.
Οἱ Λαγωοὶ	Les Lièvres
συνελθόντες ποτέ,	s'étant-rassemblés un-jour,
ἀπεκλαίοντο	déploraient
πρὸς ἀλλήλους	les-uns-aux-autres (entre eux)
τὸν βίον ἑαυτῶν,	l'existence d'eux-mêmes,
ὡς εἴη ἐπισφαλὴς[1],	*disant qu'*elle est périlleuse
καὶ πλέως δειλίας·	et pleine de-terreur ;
καὶ γὰρ ἀναλίσκονται	en-effet *ils* sont-détruits
καὶ ὑπ' ἀνθρώπων,	et par *les* hommes,
καὶ κυνῶν,	et *par les* chiens,
καὶ ἀετῶν,	et *par les* aigles,
καὶ πολλῶν ἄλλων·	et *par* plusieurs autres (animaux) ;

XXXIII. — [1] Ὡς ἐπισφαλὴς εἴη. — Avant cette propos., s.-entendez λέγοντες, dont l'idée est contenue dans ἀπεκλαίοντο, qui précède. — Εἴη, à l'optatif; c'est le mode que l'on emploie dans le style indirect, c'est-à-dire, quand on rapporte les paroles ou l'opinion d'un autre.

FABLE XXXIII.

LES LIÈVRES ET LES GRENOUILLES.

Un jour les Lièvres assemblés déploraient entre eux le malheur de leur vie exposée à tant de périls et si pleine de terreurs : — En effet, ne sont-ils pas tués et par les hommes, et par les chiens, et par les aigles et par bien d'autres encore ? Ne vaut-il donc pas mieux mourir une fois que trembler toute sa vie ? — Cette résolution prise, ils s'élancent tous ensemble vers l'étang voisin, dans l'intention de s'y jeter et de s'y noyer. Des Grenouilles se trouvaient autour de cet étang ; dès qu'elles entendirent le bruit de la course des Lièvres, elles se jetèrent

———o—◇—o———

οὖν εἶναι² βέλτιον	donc *ils disaient* être meilleur
θανεῖν ἅπαξ,	d'être-morts une-fois,
ἢ τρέμειν διὰ βίου	que de-trembler pendant *la* vie.
Τοίνυν κυρώσαντες τοῦτο,	En-conséquence ayant-résolu cela
ὥρμησαν εἰς τὴν λίμνην	*ils* se-précipitèrent vers le marais
κατὰ ταὐτόν³,	dans le-même *moment*,
ὡς ἐμπεσούμενοι εἰς αὐτήν,	comme devant-se-jeter dans lui
καὶ ἀποπνιγησόμενοι.	et devant-être-étouffés (noyés).
Δὲ τῶν Βατράχων	Mais les Grenouilles
καθημένων κύκλῳ τῆς λίμνης	assises (placées) autour du marais
εἰσπηδησάντων εὐθὺς	ayant-sauté sur-le-champ
εἰς ταύτην,	dans celui-ci,
ὡς ᾔσθοντο	aussitôt-que *elles* entendirent
τὸν κτύπον τοῦ δρόμου,	le bruit de-la course,

² Εἶναι, etc. — Cette proposition infinitive dépend de λέγοντες, sous-entendu.

³ Ταὐτόν pour τὸ αὐτό ; forme employée par les écrivains Attiques devant une voyelle. — Avec ταὐτόν, suppl. μέρος χρόνου, *dans le même instant ; tous à la fois.*

Λαγωῶν τις, ἀγχινούστερος εἶναι δοκῶν τῶν ἄλλων, ἔφη· « Στῆτε, ἑταῖροι· μηδὲν δεινὸν ὑμᾶς αὐτοὺς διαπράξησθε [4]· ἤδη, ὡς ὁρᾶτε, καὶ ἡμῶν ἕτερ' ἐστὶ ζῶα δειλότερα. »

Ἐπιμύθιον.

Ὁ μῦθος δηλοῖ ὅτι οἱ δυστυχοῦντες ἐξ ἑτέρων χείρονα πασχόντων παραμυθοῦνται.

(BABRIUS, 23 ; — APHTHONIUS, 23 ; — IGNAT., *Supplém.*, 19 ; — LA FONTAINE, II, 14.)

τὶς τῶν Λαγωῶν,	un des Lièvres,
δοκῶν εἶναι ἀγχινούστερος	paraissant être plus-sensé
τῶν ἄλλων,	que-les autres,
ἔφη· « Ἑταῖροι, στῆτε·	dit : « Compagnons, arrêtez-*vous;*
διαπράξησθε [4] ὑμᾶς αὐτοὺς	ne faites à-vous-mêmes
μηδὲν δεινόν·	rien de-fâcheux;
ἕτερα ζῶα δειλότερα	d'autres animaux plus-timides
καὶ ἡμῶν	même *que*-nous

---

[4] Μηδὲν δεινὸν ὑμᾶς διαπράξησθε, exemple d'un verbe transitif, ayant

dans l'eau, et alors un de ceux-ci, plus sensé, à ce qu'il paraît, que ses compagnons, s'écria : « Arrêtez, mes amis ; ne vous faites pas de mal : car, vous le voyez, il y a d'autres animaux plus craintifs encore que nous. »

MORALE.

Cette fable montre que les malheureux trouvent une consolation dans le sort des êtres qui sont plus à plaindre qu'eux.

ἐστὶν ἤδη,	sont à-présent,
ὡς ὁρᾶτε. »	comme *vous le* voyez. »
Ἐπιμύθιον.	MORALE.
Ὁ μῦθος δηλοῖ	La fable montre
ὅτι οἱ δυστυχοῦντες	que les *hommes* étant-malheureux
παραμυθοῦνται	sont-consolés
ἐξ ἑτέρων	par d'autres (par l'exemple d'autres)
πασχόντων χείρονα.	souffrant *des maux* pires.

---

ses deux compléments à l'accusatif. — Voy. f. VII, not. 3.

ΜΥΘΟΣ ΛΔ'—XXXIV.

ΠΙΘΗΚΟΣ ΚΑΙ ΔΕΛΦΙΣ.

Ἔθους ὄντος τοῖς πλέουσι Μελιταῖα[1] κυνίδια καὶ πιθήκους ἐπάγεσθαι πρὸς παραμυθίαν τοῦ πλοῦ, πλέων τις εἶχε σὺν ἑαυτῷ καὶ Πίθηκον. Γενομένων δὲ αὐτῶν[2] κατὰ τὸ Σούνιον[3], τὸ τῆς Ἀττικῆς ἀκρωτήριον, χειμῶνα σφοδρὸν συνέβη γενέσθαι. Τῆς δὲ νεὼς περιτραπείσης[4], καὶ πάντων διακολυμβώντων, ἐνήχετο καὶ ὁ Πίθηκος. Δελφὶς[5] δέ τις αὐτὸν θεασάμενος, καὶ ἄνθρωπον εἶναι ὑπολαβών, ἐπελθὼν ἀνεῖχε διακομίζων ἐπὶ τὴν χέρσον.

ΜΥΘΟΣ ΛΔ'.	FABLE XXXIV.
ΠΙΘΗΚΟΣ ΚΑΙ ΔΕΛΦΙΣ.	LE SINGE ET LE DAUPHIN.
Ἔθους ὄντος	La coutume étant
τοῖς πλέουσι	aux naviguant (aux passagers)
ἐπάγεσθαι	d'emmener-avec-eux
πρὸς παραμυθίαν τοῦ πλοῦ	pour la consolation du trajet
κυνίδια Μελιταῖα [1]	de-petits-chiens de-Mélite
καὶ πιθήκους,	et des-singes,
τὶς πλέων	un naviguant (un passager)
εἶχε καὶ σὺν ἑαυτῷ	avait aussi avec lui-même
Πίθηκον.	un Singe.
Δὲ αὐτῶν [2] γενομένων	Or eux étant-arrivés
κατὰ τὸ Σούνιον [3],	vers le Sunium,
τὸ ἀκρωτήριον τῆς Ἀττικῆς,	le promontoire de-l'Attique,

XXXIV. — 1 Μελιταῖα.—Les uns traduisent : des petits chiens de Millet ; d'autres : de Malte ; nous nous conformerons à Pline le naturaliste, qui cite comme très-estimés les petits chiens de l'île de Mélite, aujourd'hui *Méleda*, dans le golfe de Venise.

2 Αὐτῶν, c'est-à-dire *les passagers*.

3 Σούνιον, *le cap Sunium*, aujourd'hui le cap *Colonne* ; il forme l'extrémité S. E. de l'Attique ; on y avait élevé un temple magnifique à Minerve.

FABLE XXXIV.

LE SINGE ET LE DAUPHIN.

Suivant l'habitude qu'on a d'emmener, pour charmer les ennuis de la navigation, de petits chiens de Malte et des singes, un passager avait un singe avec lui. Au moment d'arriver à Sunium, promontoire de l'Attique, il advint qu'une tempête violente s'éleva. Le vaisseau fut submergé, et tandis que les passagers gagnaient la terre à la nage, le Singe se mit à nager aussi. Un Dauphin l'aperçut, et, le prenant pour un homme, alla vers lui et le soutint en le portant vers le rivage. Comme ils tou-

---

συνέβη χειμῶνα σφοδρὸν γενέσθαι.	il-arriva une tempête violente avoir-eu-lieu.
Δὲ τῆς νεὼς περιτραπείσης [4],	Or le vaisseau ayant-été-renversé sens-dessus-dessous,
καὶ πάντων διακολυμβώντων,	et tous les passagers traversant-à-la-nage,
ὁ Πίθηκος καὶ ἐνήχετο.	le Singe aussi nageait.
Δέ τις Δελφὶς [5]	Mais un Dauphin
θεασάμενος αὐτόν,	ayant-aperçu lui,
καὶ ὑπολαβὼν	et ayant-supposé
εἶναι ἄνθρωπον,	lui être un homme,
ἐπελθὼν	étant-allé-vers lui
ἀνεῖχε διακομίζων	le soutenait le transportant
ἐπὶ τὴν χέρσον.	vers la terre ferme (vers le rivage).

4 Περιτραπείσης. — Le verbe tire une grande force de la préposition ; il signifie que le vaisseau avait été complètement renversé, sens dessus dessous ; en termes techniques, qu'il avait fait capot.

5 Δελφίς, les Anciens croyaient le dauphin ami de l'homme ; Pline l'ancien (*Histoire natur.*, *l.* IX, *ch.* 8) raconte l'histoire d'un dauphin qui s'était pris d'amitié pour un enfant de Baies, et qui mourut de tristesse, lorsque l'enfant vint lui-même à mourir de maladie ; la fable d'Arion, qu'Hérodote (*livre* I, *ch.* 23) représente gagnant le

ΑΙΣΩΠΟΥ ΜΥΘΟΙ.

Ὡς δὲ κατὰ τὸν Πειραιᾶ⁶ ἐγένετο, τὸ τῶν Ἀθηναίων ἐπίνειον, ἐπυνθάνετο τοῦ Πιθήκου, εἰ τὸ γένος⁷ ἐστὶν Ἀθηναῖος. Τοῦ δὲ εἰπόντος, καὶ λαμπρῶν ἐνταῦθα τετυχηκέναι γονέων, ἐπανήρετο εἰ καὶ τὸν Πειραιᾶ ἐπίσταται. Ὑπολαβὼν⁸ δὲ ὁ Πίθηκος περὶ ἀνθρώπου αὐτὸν λέγειν, ἔφη καὶ μάλα φίλον εἶναι αὐτῷ, καὶ συνήθη. Καὶ ὁ Δελφίς, ἐπὶ τοσούτῳ ψεύδει ἀγανακτήσας, βαπτίζων αὐτὸν ἀπέκτεινεν.

Ἐπιμύθιον.

Ὁ μῦθος πρὸς ἄνδρας, οἵ, τὴν ἀλήθειαν οὐκ εἰδότες, ἀπατᾶν νομίζουσι.

(La Fontaine, iv, 7.)

Δὲ ὡς ἐγένετ	Mais lorsque *il* arriva
κατὰ τὸν Πειραιᾶ⁶,	vers le Pirée,
τὸ ἐπίνειον τῶν Ἀθηναίων,	le port des Athéniens,
ἐπυνθάνετο τοῦ Πιθήκου,	il demandait au Singe,
εἴ ἐστιν Ἀθηναῖος	si *il* est Athénien
τὸ γένος⁷.	*quant-à* la naissance.
Δὲ τοῦ	Or celui-ci
εἰπόντος,	ayant-répondu-affirmativement,
καὶ τετυχηκέναι ἐνταῦθα	et (*disant*) avoir-eu là
γονέων λαμπρῶν,	*des* parents illustres,
ἐπανήρετο	il demanda-une-seconde-fois
εἰ ἐπίσταται	si *il* connaît
καὶ τὸν Πειραιᾶ.	aussi le Pirée.
Δὲ ὁ Πίθηκος ὑπολαβὼν⁸	Mais le Singe ayant-supposé

---

rivage sur le dos d'un dauphin, vient de cette même croyance. Du reste, il est clair par les descriptions des Anciens, qu'ils ont confondu le dauphin avec plusieurs autres animaux, notamment avec le requin. Le véritable dauphin est un cétacé moins grand que l'orque et plus grand que le marsouin ; il rentre dans le groupe des petits cétacés, qui, pour toutes les dimensions, sont infiniment au-dessous des baleines et des cachalots. Le dauphin a communément neuf ou dix pieds de longueur, et deux pieds d'épaisseur à l'endroit le plus gros du corps.

⁶ Πειραιᾶ. contr. pour Πειραιέα; le Pirée, port fameux d'Athènes.

chaient au Pirée, port d'Athènes, il lui demanda s'il était né dans cette ville. Sur la réponse affirmative du Singe, qui ajouta qu'il était même issu de parents illustres, il lui demanda en outre s'il connaissait le Pirée. Le Singe, croyant qu'on lui parlait d'un homme, répondit qu'il le connaissait et que de plus il était lié avec lui d'une intime amitié. Alors, indigné d'un pareil mensonge, le Dauphin plongea le Singe dans la mer et le fit périr.

MORALE.

Cette fable s'adresse aux hommes qui, ne connaissant pas la vérité, croient nous abuser.

———o—◇—o———

αὐτὸν λέγειν περὶ ἀνθρώπου,	lui parler *d'un* homme,
ἔφη εἶναι αὐτῷ	dit *le Pirée* être à-lui
καὶ μάλα φίλον	et beaucoup ami
καὶ συνήθη.	et ami-familier.
Καὶ ὁ Δελφίς,	Et le Dauphin,
ἀγανακτήσας	ayant-été-indigné
ἐπὶ ψεύδει τοσούτῳ,	d'*une* tromperie si-grande,
βαπτίζων αὐτὸν ἀπέκτεινεν.	plongeant lui *le* tua.
Ἐπιμύθιον.	MORALE.
Ὁ μῦθος πρὸς ἄνδρας,	La fable *s'adresse* aux hommes,
οἵ, οὐκ εἰδότες	qui, ne connaissant *pas*
τὴν ἀλήθειαν,	la vérité,
νομίζουσιν ἀπατᾶν.	pensent tromper (*les autres*).

Il était éloigné de la ville de plus d'une lieue (4 kilom.) : deux murailles l'y rattachaient, de manière à ce que les communications entre le port et la ville ne pussent jamais être interceptées par l'ennemi.

7 Τὸ γένος, *quant à la naissance*, κατά, s.-ent. — Ἐστί, présent que nous traduisons par l'imparfait. — Voy. F. XXXI, not. 2.

8 Ὑπολαβών, n'a pas ici le sens de *reprenant, prenant la parole ensuite*, comme nous l'avons vu plusieurs fois, mais de : *ayant cru, ayant supposé.*

ΜΥΘΟΣ ΛΕ′—XXXV.

ΓΥΝΗ.

Γυνή τις ἄνδρα μέθυσον εἶχε· τοῦ δὲ πάθους αὐτὸν ἀπαλλάξαι θέλουσα, τοιόνδε τι σοφίζεται. Κεχαρωμένον γὰρ αὐτὸν ὑπὸ τῆς μέθης παρατηρήσασα, καὶ νεκροῦ δίκην ἀναισθητοῦντα, ἐπ' ὤμων ἄρασα, ἐπὶ τὸ πολυάνδριον [1] ἀπενεγκοῦσα κατέθετο, καὶ ἀπῆλθεν. Ἡνίκα δ' αὐτὸν ἤδη ἀνανήφειν ἐστοχάσατο, προσελθοῦσα, τὴν θύραν ἔκοπτε τοῦ πολυανδρίου. Ἐκείνου δὲ φήσαντος· « Τίς [2] ὁ τὴν θύραν κόπτων; » ἡ Γυνὴ ἀπεκρίνατο· « Ὁ τοῖς νεκροῖς τὰ σιτία κομίζων ἐγὼ πάρειμι. » Κἀκεῖνος [3] · « Μή μοι φαγεῖν, ἀλλὰ πιεῖν, ὦ βέλτιστε, μᾶλλον προσένεγκε· λυπεῖς

ΜΥΘΟΣ ΛΕ′. ΓΥΝΗ.	FABLE XXXV. LA FEMME.
Τὶς Γυνὴ	Une certaine Femme
εἶχεν ἄνδρα μέθυσον·	avait un mari ivrogne ;
δὲ θέλουσα	or voulant
ἀπαλλάξαι αὐτὸν	avoir-délivré (délivrer) lui
τοῦ πάθους,	de-la (de sa) passion,
σοφίζεταί τι τοιόνδε.	elle imagine quelque-chose de-tel.
Γὰρ παρατηρήσασα	En-effet ayant-surpris
αὐτὸν κεχαρωμένον	lui dormant-pesamment
ὑπὸ τῆς μέθης,	par-l'effet-de l'ivresse,
καὶ ἀναισθητοῦντα	et étant-privé-de-sentiment
δίκην νεκροῦ,	à-la-manière d'un-mort,
ἄρασα ἐπ' ὤμων,	l'ayant-soulevé sur les (ses) épaules
ἀπενεγκοῦσα	l'ayant-transporté
ἐπὶ τὸ πολυάνδριον [1]	dans le cimetière

XXXV. — 1 Πολυάνδριον. — (Rac. πολύς, *nombreux*, ἀνήρ, *homme;*) lieu où sont réunis les corps de beaucoup d'hommes; *cimetière*.

FABLE XXXV.

LA FEMME.

Une femme avait un mari ivrogne. Dans le désir de le délivrer de son penchant, voici ce qu'elle imagina : saisissant le moment où il dormait du sommeil profond de l'ivresse et où il était, comme un mort, privé de sentiment, elle le chargea sur ses épaules, le porta au cimetière et revint après l'y avoir laissé. Quand elle jugea que son ivresse était dissipée, elle retourna et frappa à la porte du cimetière. Son mari demanda : « Qui frappe à la porte ? » Elle répondit : « Je suis celui qui porte aux morts leur nourriture. » — « Mon ami, reprit l'ivrogne, au lieu de m'apporter à manger, donne-moi à boire ; car tu me fais de la peine

---

κατέθετο, καὶ ἀπῆλθεν.	elle l'y déposa, et s'en-alla.
Δὲ ἡνίκα ἐστοχάσατο	Mais lorsque elle conjectura
αὐτὸν ἤδη	lui maintenant
ἀνανήφειν,	être-revenu-à-la-raison,
προσελθοῦσα, ἔκοπτε	s'étant-approchée, elle frappait
τὴν θύραν τοῦ πολυανδρίου.	la porte du cimetière.
Δὲ ἐκείνου φήσαντος·	Et celui-ci ayant-dit :
« Τίς [2]	« Qui est l'homme
ὁ κόπτων τὴν θύραν ; »	le frappant à-la-porte ? »
ἡ Γυνὴ ἀπεκρίνατο·	la Femme répondit :
« Πάρειμι ἐγὼ	Je viens moi
ὁ κομίζων	le apportant (je suis celui qui apporte)
τοῖς νεκροῖς τὰ σιτία. »	aux morts les vivres. »
Κἀκεῖνος [3]·	Et celui-ci *répondit* :
Ὦ βέλτιστε,	« O très-bon (ô mon ami),
μὴ προσένεγκέ μοι	n'apporte pas à-moi
φαγεῖν,	à-avoir-mangé (à manger),
ἀλλὰ μᾶλλον πιεῖν·	mais plutôt à-boire ;

---

[2] Τίς, etc. — *S.-Ent.* ἐστί. Voy. F. 11, n. 5. — Τίς, interrog., avec l'accent aigu.

[3] Κἀκεῖνος, — *S.-ent.* ἔφη. — Κἀκεῖνος, pour καὶ ἐκεῖνος.

γάρ με, βρώσεως, ἀλλὰ μὴ πόσεως, μνημονεύων. » Ἡ δέ, τὸ στῆθος πατάξασα· « Οἴ μοι τῇ δυστήνῳ⁴, φησίν· οὐδὲν γὰρ οὐδὲ⁵ σοφισαμένη ὤνησα⁶· σὺ γάρ, ἄνερ, οὐ μόνον οὐκ ἐπαιδεύθης, ἀλλὰ καὶ χείρων σαυτοῦ γέγονας, εἰς ἕξιν σοι καταστάντος τοῦ πάθους. »

Ἐπιμύθιον.

Ὁ μῦθος δηλοῖ ὅτι οὐ δεῖ ταῖς κακαῖς πράξεσιν ἐγχρονίζειν. Ἔστι γὰρ ὅτε⁷ καὶ μὴ θέλοντι τῷ ἀνθρώπῳ τὸ ἔθος ἐπιτίθεται.

(La Fontaine, III, 7.)

γὰρ μνημονεύων βρώσεως,	car faisant-mention à-moi de-nourriture
ἀλλὰ μὴ πόσεως,	mais non de-boisson,
λυπεῖς με. »	tu afflliges moi. »
Δὲ ἡ,	Mais celle-ci,
πατάξασα τὸ στῆθος·	ayant-frappé la (sa) poitrine :
« Οἴ μοι τῇ δυστήνῳ⁴,	« Hélas sur-moi la malheureuse,
φησί·	dit-elle ;
γὰρ σοφισαμένη	car ayant-agi-avec-artifice
οὐδὲ⁵ ὤνησα⁶ οὐδέν·	je n'ai-été-utile à toi en-rien ;
γάρ σὺ οὐ μόνον	car toi non seulement
οὐκ ἐπαιδεύθης,	tu n'as-pas-été-instruit (amélioré),
ἄνερ,	ô-mon-mari,

---

⁴ Οἴ μοι τῇ δυστήνῳ. — Voy. F. XVII, not. 3.
⁵ Οὐδὲν γὰρ οὐδέ. — En grec, quand deux ou plusieurs négations se rapportent au même verbe, au lieu de se détruire, comme en latin, le plus souvent elles nient avec plus de force.

en me parlant de nourriture et non de boisson. » Alors la femme, se frappant la poitrine : « Malheureuse que je suis ! s'écria-t-elle ; mon artifice ne lui a absolument servi de rien ; car non-seulement tu n'es pas corrigé, mon mari, mais tu es devenu pire que tu n'étais et la passion s'est changée chez toi en habitude »

MORALE.

Cette fable montre qu'il ne faut pas vieillir dans le vice, car il vient un temps où l'habitude s'empare de l'homme malgré lui.

ἀλλὰ καὶ γέγονας	mais encore *tu es-devenu*
χείρων σαυτοῦ,	pire que-toi-même,
τοῦ πάθους καταστάντος	la passion s'étant-établie
σοὶ εἰς ἕξιν. »	chez-toi en habitude. »
Ἐπιμύθιον.	MORALE.
Ὁ μῦθος δηλοῖ	La fable montre
ὅτι οὐ δεῖ ἐγχρονίζειν	que *il* ne faut *pas* s'invétérer
ταῖς πράξεσι κακαῖς.	dans-les actions mauvaises. [temps où)
Γὰρ ἔστιν ὅτε 7	Car *un moment* est lorsque (il vient un
τὸ ἔθος ἐπιτίθεται	l'habitude s'adjoint (s'attache)
τῷ ἀνθρώπῳ,	à l'homme,
καὶ μὴ θέλοντι.	même ne *le* voulant *pas*.

---

6 Ὤνησα, compl. direct, s.-ent. αὐτόν ; *je ne lui ai pas été utile ;* et non : *je n'ai rien gagné ;* — Ὀνίνημι à l'act. est toujours transitif.

7 Ἔστι γὰρ ὅτε, mot-à-mot, *un temps est, lorsque,* c'est-à-dire : « *il arrive que ;* » en latin, *est quum*. Souvent on réunit ἔστι et ὅτε en un seul mot, ἐνίοτε, *quelquefois*.

ΜΥΘΟΣ Λϛ′—XXXVI.

ΛΕΩΝ ΚΑΙ ΛΥΚΟΣ ΚΑΙ ΑΛΩΠΗΞ.

Λέων γηράσας ἐνόσει κατακεκλιμένος ἐν ἄντρῳ. Παρῆσαν δ᾽ ἐπισκεψόμενα τὸν βασιλέα, πλὴν [1] Ἀλώπεκος, τἄλλα τῶν ζώων. Ὁ τοίνυν Λύκος, λαβόμενος [2] εὐκαιρίας, κατηγόρει παρὰ τῷ Λέοντι τῆς Ἀλώπεκος, ἅτε [3] δὴ παρ᾽ οὐδὲν τιθεμένης τὸν πάντων αὐτῶν κρατοῦντα, καί, διὰ ταῦτα, μηδ᾽ εἰς ἐπίσκεψιν ἀφιγμένης. Ἐν τοσούτῳ [4] δὲ παρῆν καὶ ἡ Ἀλώπηξ, καὶ τῶν τελευταίων ἠκροάσατο τοῦ Λύκου ῥημάτων. Ὁ μὲν οὖν Λέων κατ᾽ αὐτῆς ἐβρυχᾶτο. Ἡ δ᾽, ἀπολογίας καιρὸν αἰτήσασα· « Καὶ τίς,

---

ΜΥΘΟΣ Λϛ′.	FABLE XXXVI.
ΛΕΩΝ ΚΑΙ ΛΥΚΟΣ ΚΑΙ ΑΛΩΠΗΞ.	LE LION ET LE LOUP ET LE RENARD.
Λέων γηράσας	Un Lion étant-devenu-vieux
ἐνόσει	était-malade
κατακεκλιμένος ἐν ἄντρῳ.	couché dans un antre.
Δὲ τἄλλα τῶν ζώων,	Or les autres des (parmi les) animaux,
πλὴν [1] Ἀλώπεκος,	à-l'exception du-Renard,
παρῆσαν	étaient-venus
ἐπισκεψόμενα τὸν βασιλέα.	devant visiter le (leur) roi.
Τοίνυν ὁ Λύκος,	En-conséquence le Loup,
λαβόμενος [2]	s'étant-saisi
εὐκαιρίας	de l'occasion-favorable
κατηγόρει τῆς Ἀλώπεκος	accusait le Renard
παρὰ τῷ Λέοντι,	auprès du Lion,
ἅτε [3] δὴ	comme assurément

XXXVI. — [1] Πλήν, adv. employé aussi comme prép. avec un complément au génitif.

[2] Λαβόμενος, avec le gén. — L'actif λαμβάνω se construit avec l'accus. ; le passif ou moyen, λαμβάνομαι, avec le génitif.

FABLE XXXVI.

LE LION, LE LOUP ET LE RENARD.

Le Lion, devenu vieux, était couché malade dans son antre. Tous les animaux étaient venus voir leur roi; le Renard seul était absent et le Loup, profitant de l'occasion, l'accusa auprès du Lion, disant qu'il méprisait leur maître commun, et que c'était pour cette raison qu'il n'était pas même venu lui faire visite. Au même moment le Renard arrivait; il entendit les dernières paroles du Loup. Quand il vit le Lion irrité et grinçant des dents, il demanda le temps de se justifier et dit : « De tous

---

τιθεμένης παρ' οὐδὲν	plaçant au-rang-de rien (méprisant)
τὸν κρατοῦντα αὐτῶν πάντων,	le étant-maître d'eux tous,
καί, διὰ ταῦτα,	et, à-cause-de ces *choses* (de cela),
μηδ' ἀφιγμένης	n'étant-pas-même venu
εἰς ἐπίσκεψιν.	pour *la* visite (pour le voir).
Δὲ ἐν	Or dans
τοσούτῳ 4	un *temps* aussi-long (dans le moment
ἡ Ἀλώπηξ καὶ παρῆν,	le Renard aussi était-présent, [même)
καὶ ἠκροάσατο	et *il* entendit
ῶν ῥημάτων τελευταίων	les paroles dernières
τοῦ Λύκου.	du Loup.
Οὖν μὲν ὁ Λέων	Donc à-la-vérité le Lion
ἐβρυχᾶτο κατ' αὐτῆς.	rugissait contre lui.
Δὲ ἡ,	Mais celui-ci,
αἰτήσασα καιρὸν	ayant-demandé *le* temps
ἀπολογίας·	de-*la*-défense (de se défendre) :
« Καὶ τίς, ἔφη,	« Et lequel, dit-*il*,

---

3 Ἅτε. — Voy. F. XXXII, not. 6.

4 Ἐν τοσούτῳ, s.-ent. χρόνῳ; *à ce moment même.*

ἔφη, τῶν συνελθόντων τοσοῦτον ὠφέλησεν[5], ὅσον ἐγώ, πανταχόσε[6] περινοστήσασα, καὶ θεραπείαν ὑπὲρ σοῦ παρ' ἰατροῦ ζητήσασα, καὶ μαθοῦσα; » Τοῦ δὲ Λέοντος εὐθὺς τὴν θεραπείαν εἰπεῖν κελεύσαντος, ἐκείνη φησίν· « Εἰ Λύκον ζῶντα ἐκδείρας, τὴν αὐτοῦ δορὰν θερμὴν ἀμφιέσῃ[7]. » Καὶ τοῦ Λύκου κειμένου[8], ἡ Ἀλώπηξ γελῶσα εἶπεν· « Οὕτως οὐ χρὴ τὸν δεσπότην πρὸς δυσμένειαν παρακινεῖν, ἀλλὰ πρὸς εὐμένειαν. »

Ἐπιμύθιον.

Ὁ μῦθος δηλοῖ ὅτι ὁ καθ' ἑτέρου μηχανώμενος, καθ' ἑαυτοῦ τὴν πάγην περιτρέπει.

(Fables indiennes de *Bidpaï* et *Lokman*, t. 2; — LA FONTAINE, VIII, 3·

τῶν συνελθόντων	des *animaux* s'étant-rassemblés
ὠφέλησε[5] τοσοῦτον,	*l'*-a-été-utile autant
ὅσον ἐγώ,	que moi (je t'ai été utile),
περινοστήσασα πανταχόσε[6],	ayant-voyagé de-tous-les-côtés,
καὶ ζητήσασα παρ' ἰατροῦ	et ayant-cherché près d'*un* médecin
θεραπείαν ὑπὲρ σοῦ,	*un* remède pour toi,
καὶ μαθοῦσα; »	et *l'*ayant-appris? »
Δὲ τοῦ Λέοντος	Or le Lion
κελεύσαντος εὐθὺς	ayant-ordonné sur-le-champ
εἰπεῖν τὴν θεραπείαν,	d'avoir-dit (de dire) le remède,
ἐκείνη φησίν·	celui-ci dit :
« Εἰ ἐκδείρας	« Si ayant-écorché
Λύκον ζῶντα,	*un* Loup vivant,
ἀμφιέσῃ[7]	*tu* te-revêtiras (si tu te revêts)

---

[5] Ὠφέλησεν, complément direct sous-ent. σέ.

[6] Πανταχόσε, adv. de lieu, (question *quò*). C'est la terminaison des adverbes de lieu qui indique, en grec, s'il y a mouvement pour aller

eux qui sont ici, en est-il un qui t'ait rendu d'aussi grands services que moi, qui ai voyagé dans tous les pays pour demander à quelque médecin un remède qui puisse te guérir? » Le Lion lui ordonna de dire sur-le-champ quel était ce remède; il répondit : « Il faut écorcher un loup vivant et t'envelopper de sa peau encore chaude. » Quand le Loup fut étendu mort, le Renard s'écria en riant : « C'est ainsi qu'il faut disposer le maître à la bienveillance, et non à la colère. »

MORALE.

Cette fable montre qu'en dressant des embûches à un autre, on se tend à soi-même un piége.

τὴν δορὰν θερμὴν αὐτοῦ. »	de-la peau chaude de lui,
	[*sous-ent.* tu seras guéri.] »
Καὶ τοῦ Λύκου κειμένου [8],	Et le Loup étant-étendu mort,
ἡ Ἀλώπηξ γελῶσα εἶπεν·	le Renard riant dit :
« Οὐ χρὴ οὕτως	« Il ne faut *pas* ainsi (*que tu l'as fait*)
παρακινεῖν τὸν δεσπότην	exciter le maître
πρὸς δυσμένειαν,	à *une* disposition-malveillante,
ἀλλὰ πρὸς εὐμένειαν. »	mais à *une* disposition-bienveillante. »
Ἐπιμύθιον.	MORALE.
Ὁ μῦθος δηλοῖ	La fable montre
ὅτι ὁ μηχανώμενος	que l'*homme* dressant-un-artifice
καθ' ἑτέρου,	contre *un* autre *homme*,
περιτρέπει τὴν πάγην	dispose le piége
καθ' ἑαυτοῦ.	contre lui-même.

---

dans un lieu (*quò*), pour en revenir (*undè*), pour y passer (*quà*), ou s'il n'y a pas changement de lieu (*ubi*).

[7] Εἰ..... ἀμφιέσῃ. — Suppléez la propos. princ. « *tu seras guéri.* »

[8] Κειμένου, *étant étendu* (*mort*).

ΜΥΘΟΣ ΛΖ'.--XXXVII.

ΞΥΛΕΥΟΜΕΝΟΣ ΚΑΙ ΕΡΜΗΣ.

Ξυλευόμενός τις παρά τῳ[1] ποταμῷ τὸν οἰκεῖον ἀπέβαλε πέλεκυν. Ἀμηχανῶν τοίνυν, παρὰ τὴν ὄχθην καθίσας ὠδύρετο. Ἑρμῆς δέ, μαθὼν τὴν αἰτίαν[2], καὶ οἰκτείρας τὸν ἄνθρωπον, καταδὺς[3] εἰς τὸν ποταμόν, χρυσοῦν ἀνήνεγκε πέλεκυν, καὶ, εἰ οὗτός ἐστιν, ὃν ἀπώλεσεν, ἤρετο. Τοῦ δὲ μὴ τοῦτον εἶναι φαμένου, αὖθις καταβάς, ἀργυροῦν ἀνεκόμισε. Τοῦ δὲ μηδὲ τοῦτον εἶναι τὸν οἰκεῖον εἰπόντος, ἐκ τρίτου[4] καταβάς, ἐκεῖνον τὸν οἰκεῖον ἀνήνεγκε. Τοῦ δὲ τοῦτον ἀληθῶς εἶναι τὸν ἀπολωλότα

ΜΥΘΟΣ ΛΖ'.
ΞΥΛΕΥΟΜΕΝΟΣ ΚΑΙ ΕΡΜΗΣ.

Τὶς Ξυλευόμενος
ἀπέβαλε τὸν οἰκεῖον πέλεκυν
παρὰ τῳ[1] ποταμῷ.
Τοίνυν ἀμηχανῶν,
καθίσας παρὰ τὴν ὄχθην
ὠδύρετο.
Δὲ Ἑρμῆς,
μαθὼν τὴν αἰτίαν[2],
καὶ οἰκτείρας τὸν ἄνθρωπον,
καταδὺς[3] εἰς τὸν ποταμόν,
ἀνήνεγκε πέλεκυν χρυσοῦν,
καὶ ἤρετο

FABLE XXXVII.
LE BUCHERON ET MERCURE.

Un Bûcheron
perdit la (sa) propre hache
auprès d'un-certain fleuve.
C'est-pourquoi étant-dans-l'embarras,
s'étant-assis près de-la rive,
il se-lamentait.
Mais Mercure,
ayant-appris la cause (*de ses pleurs*),
et ayant-eu-pitié de-l'homme,
ayant-plongé dans le fleuve,
rapporta *une* hache d'or,
et *lui* demandait (lui demanda)

XXXVII. — 1 Τῳ, forme employée par les écrivains Att. pour τινί. Il diffère de τῷ, dat. sing. de l'article, en ce qu'il n'a pas d'accent.
    2 Τὴν αἰτίαν, s.-ent. τοῦ θρήνου, *de ses gémissements*.
    3 Καταδύς, *descendant*, «*plongeant*» *dans le fleuve*. Il est très-

FABLES D'ÉSOPE.   111

FABLE XXXVII.

LE BUCHERON ET MERCURE.

Un Bûcheron perdit sa hache dans un fleuve. Fort embarrassé, il s'assit en pleurant sur la rive. Mercure, ayant appris la cause de son chagrin, eut pitié du malheureux ; il plongea dans le fleuve, rapporta une hache d'or et lui demanda si c'était là celle qu'il avait perdue. Sur sa réponse négative, il redescendit et rapporta une hache d'argent. Même réponse du Bûcheron ; alors le Dieu, plongeant une troisième fois, retira de l'eau la hache même du pauvre homme ; et comme il s'écria que c'était bien celle qu'il avait perdue, Mercure, charmé de sa probité, les lui

---

εἰ οὗτός ἐστιν,	si celle-ci est
ὃν ἀπώλεσεν.	*celle* que *il* a-perdue.
Δὲ τοῦ φαμένου	Mais celui-ci ayant-dit
τοῦτον μὴ εἶναι,	celle-là ne-*pas* être (*la sienne*),
καταβὰς αὖθις,	étant-descendu de-nouveau,
ἀνεκόμισεν ἀργυροῦν.	*il* rapporta *une hache* d'argent.
Δὲ τούτου εἰπόντος	Mais celui-ci ayant-dit
τοῦτον μηδὲ εἶναι	celle-là ne-pas être non plus
τὸν οἰκεῖον,	la (sa) *hache* propre,
καταβὰς	étant-descendu
ἐκ τρίτου [4],	pour *la* troisième *fois*,
ἀνήνεγκεν ἐκεῖνον	*il* rapporta celle-là
τὸν οἰκεῖον.	la propre *hache* (*du bûcheron*).
Δὲ τούτου φαμένου	Mais celui-ci ayant-dit
τοῦτον εἶναι ἀληθῶς	celle-là être véritablement
τὸν ἀπολωλότα,	la *hache* ayant-été-perdue,

---

important de remarquer la force des prépos. unies à un verbe : κατά, pour descendre, ἀνά, pour monter, διά, pour traverser, μετά, pour passer au-delà, etc.

[4] Ἐκ τρίτου, locution adverbiale, *pour la troisième fois.*

φαμένου, Ἑρμῆς, ἀποδεξάμενος αὐτοῦ τὴν δικαιοσύνην, ἅπαντας αὐτῷ ἐδωρήσατο. Ὁ δὲ παραγενόμενος, πάντα τοῖς ἑταίροις τὰ συμβάντα διεξελήλυθεν. Ὧν εἷς τις τὰ ἴσα διαπράξασθαι ἐβουλεύσατο, καὶ παρὰ τὸν ποταμὸν ἐλθών, καὶ τὴν οἰκείαν ἀξίνην ἐξεπίτηδες ἀφεὶς εἰς τὸ ῥεῦμα, κλαίων ἐκάθητο. Ἐπιφανεὶς οὖν ὁ Ἑρμῆς κἀκείνῳ, καὶ τὴν αἰτίαν μαθὼν τοῦ θρήνου, καταβὰς ὁμοίως, χρυσῆν ἀξίνην ἐξήνεγκε, καὶ ἤρετο εἰ ταύτην ἀπέβαλε. Τοῦ δὲ σὺν ἡδονῇ, « Ναὶ ἀληθῶς ἥδ' ἐστί, » φήσαντος, μισήσας ὁ Θεὸς τὴν τοσαύτην ἀναίδειαν, οὐ μόνον ἐκείνην κατέσχεν, ἀλλ' οὐδὲ τὴν οἰκείαν ἀπέδωκεν.

Ἐπιμύθιον.

Ὁ μῦθος δηλοῖ ὅτι, ὅσον τοῖς δικαίοις τὸ θεῖον συναίρεται, τοσοῦτον τοῖς ἀδίκοις ἐναντιοῦται.

(Rabelais, second prologue du livre iv; — La Fontaine, v, 1.)

Ἑρμῆς,	Mercure,
ἀποδεξάμενος	ayant-accueilli (approuvé)
τὴν δικαιοσύνην αὐτοῦ,	la justice de-lui,
ἐδωρήσατο ἅπαντας αὐτῷ.	*les* donna toutes à-lui.
Δὲ ὁ	Or celui-ci
παραγενόμενος,	étant-venu-auprès (*de ses compagnons*)
διεξελήλυθε τοῖς ἑταίροις	raconta aux (à ses) compagnons
πάντα τὰ	toutes les *choses*
συμβάντα.	*lui* étant-arrivées.
Εἷς τις ὢν	Un certain desquels (d'entre eux
ἐβουλεύσατο	forma-le-dessein
διαπράξασθαι	d'avoir-fait (de faire)
τὰ ἴσα,	les *choses* égales (la même chose)
καὶ ἐλθὼν	et étant-allé
παρὰ τὸν ποταμόν,	auprès du fleuve,
καὶ ἀφεὶς ἐξεπίτηδες	et ayant-laissé-aller à-dessein
εἰς τὸ ῥεῦμα	dans le courant
τὴν οἰκείαν ἀξίνην,	la (sa) propre hache,
ἐκάθητο κλαίων.	s'asseyait (s'assit) pleurant.
Οὖν ὁ Ἑρμῆς ἐπιφανεὶς	Donc Mercure étant-apparu
κἀκείνῳ.	aussi-à-celui-ci,

donna toutes les trois. Le Bûcheron, de retour chez lui, raconta tout ce qui lui était arrivé à ses camarades. L'un d'eux voulut faire de même, se rendit au bord du fleuve et, après y avoir laissé tomber à dessein sa hache, s'assit en pleurant. Mercure se présenta aussi à lui, l'interrogea sur le motif de ses pleurs, descendit, comme il avait déjà fait, dans l'eau et rapporta à notre homme une hache d'or en lui demandant si c'était celle qu'il avait perdue. Celui-ci s'écria avec joie : « Assurément oui, c'est bien elle ! » Mais le Dieu, indigné d'une telle impudence, non-seulement garda la hache qu'il lui montrait, mais ne lui rendit pas même la sienne.

MORALE.

Cette fable montre qu'autant les Dieux sont favorables aux bons, autant ils sont contraires aux méchants.

καὶ μαθὼν τὴν αἰτίαν
τοῦ θρήνου,
καταβὰς ὁμοίως,
ἐξήνεγκεν ἀξίνην χρυσῆν,
καὶ ἤρετο
εἰ ἀπέβαλε ταύτην.
Δὲ τοῦ
φήσαντος σὺν ἡδονῇ·
« Ναὶ ἥδ' ἐστὶν ἀληθῶς, »

ὁ Θεὸς μισήσας
τὴν τοσαύτην ἀναίδειαν,
οὐ μόνον κατέσχεν
ἐκείνην,
ἀλλ' οὐδὲ ἀπέδωκε
τὴν οἰκείαν.

Ἐπιμύθιον.
Ὁ μῦθος δηλοῖ
ὅτι τὸ θεῖον
ἐναντιοῦται τοῖς ἀδίκοις
τοσοῦτον ὅσον
συναίρεται τοῖς δικαίοις.

et ayant-appris la cause
des (de ses) gémissements,
étant-descendu pareillement
rapporta *une* hache d'or,
et *lui* demandait (demanda)
si *il* a-perdu celle-là.
Mais celui-ci
ayant-dit avec plaisir :
« Oui celle-ci est véritablement [*s.-ent.*
[celle que j'ai perdue], »
le Dieu ayant-détesté
la (sa) si grande impudence,
non-seulement garda
celle-là,
mais ne rendit pas-même
la *hache* appartenant (*au bûcheron.*)

MORALE.

La fable montre
que la divinité
est-contraire aux *hommes* injustes
autant que
elle secourt les *hommes* justes.

ΜΥΘΟΣ ΛΗ'—XXXVIII.
ΑΕΤΟΣ ΚΑΙ ΑΛΩΠΗΞ.

Ἀετὸς καὶ Ἀλώπηξ, φιλιωθέντες, πλησίον ἀλλήλων οἰκεῖν ἔγνωσαν, βεβαίωσιν φιλίας ποιούμενοι¹ τὴν συνήθειαν. Ὁ μὲν οὖν ἐφ' ὑψηλοῦ δένδρου² τὴν καλιὰν ἐπήξατο· ἡ δ' Ἀλώπηξ ἐν τοῖς ἔγγιστα θάμνοις³ ἐτεκνοποιήσατο. Ἐπὶ νομὴν οὖν ποτε τῆς Ἀλώπεκος προελθούσης, ὁ Ἀετός, τροφῆς ἀπορῶν, καταπτὰς⁴ ἐπὶ τῶν θάμνων, καὶ τὰ τέκνα ταύτης ἀναρπάσας, ἅμα τοῖς αὑτοῦ νεοττοῖς ἐθοινήσατο. Ἡ δ' Ἀλώπηξ ἐπανελθοῦσα, καὶ τὸ πραχθὲν μαθοῦσα, οὐ τοσοῦτον ἐπὶ τῷ τῶν τέκνων ἠνιάθη θανάτῳ, ὅσον⁵ ἐπὶ τῷ τῆς ἀμύνης ἀπόρῳ· χερσαία γὰρ

ΜΥΘΟΣ ΛΗ'.
ΑΕΤΟΣ ΚΑΙ ΑΛΩΠΗΞ.

Ἀετὸς καὶ Ἀλώπηξ,
φιλιωθέντες,
ἔγνωσαν οἰκεῖν
πλησίον ἀλλήλων,
ποιούμενοι¹ τὴν συνήθειαν
βεβαίωσιν φιλίας.
Οὖν μὲν ὁ
ἐπήξατο τὴν καλιὰν
ἐφ' ὑψηλοῦ δένδρου²·
δὲ ἡ Ἀλώπηξ
ἐτεκνοποιήσατο
ἐν τοῖς θάμνοις ἔγγιστα³.
Οὖν ποτε τῆς Ἀλώπεκος
προελθούσης
ἐπὶ νομήν,

FABLE XXXVIII.
L'AIGLE ET LE RENARD.

Un Aigle et *un* Renard,
étant-devenus-amis,
résolurent de-se-loger
auprès l'un-de-l'autre,
faisant l'habitude
un affermissement de-*l*'amitié.
C'est-pourquoi d'un-côté celui-là
établit l'aire (son aire)
sur *un* arbre élevé ;
de-l'autre-côté le Renard
fit-ses-petits
dans les broussailles les-plus-près.
Donc un-jour le Renard
étant-sorti   [ture),
pour pâture (pour chercher de la nourri-

XXXVIII. — ¹ Βεβαίωσιν φιλίας, etc. — Dans cette proposition, c'est le substantif dépourvu d'article, βεβαίωσιν, qui est l'attribut de l'autre substantif, suivant la règle générale en grec ; m.-à-m. « *faisant de l'habitude un affermissement de l'amitié* », c'est-à-dire, voulant consolider leur amitié par les liens du voisinage et d'un commerce habituel.

² Ἐφ' ὑψηλοῦ δένδρου, « *au sommet d'un arbre élevé.* » — Les mots grecs ne répondent pas au latin, *in altâ arbore*, tournure par-

FABLE XXXVIII.

L'AIGLE ET LE RENARD.

L'Aigle et le Renard, étant devenus amis, résolurent de se loger près l'un de l'autre, afin de consolider leur amitié par l'habitude. Le premier donc établit son aire au sommet d'un arbre élevé; le second fit ses petits sous des buissons tout près de là. Un jour que le Renard était sorti chercher pâture, l'Aigle, manquant de nourriture, fondit sur les buissons, enleva les petits de son voisin et avec ses aiglons les dévora. Lorsqu'à son retour le Renard vit ce qui avait été fait, il fut affligé, moins de la mort de ses petits, que de l'impuissance où il était de se venger; car il ne pouvait, lui quadrupède, poursuivre un ani-

---

ὁ Ἀετός,	l'Aigle,
ἀπορῶν τροφῆς,	étant-dépourvu de-nourriture,
καταπτὰς 4	s'étant-abattu-en-volant
ἐπὶ τῶν θάμνων,	sur les broussailles,
καὶ ἀναρπάσας	et ayant-enlevé
τὰ τέκνα ταύτης,	les petits de celui-ci,
ἐθοινήσατο	les dévora
ἅμα τοῖς νεοττοῖς αὑτοῦ.	avec les petits de-lui-même.
Δὲ ἡ Ἀλώπηξ ἐπανελθοῦσα,	Mais le Renard étant-revenu,
καὶ μαθοῦσα	et ayant-appris
τὸ πραχθέν,	la *chose* ayant-été-faite,
οὐκ ἠνιάθη τοσοῦτον	ne fut-*pas*-affligé autant
ἐπὶ τῷ θανάτῳ	à-cause-de la mort
τῶν τέκνων,	des (de ses) petits,
ὅσον 5 ἐπὶ τῷ ἀπόρῳ	que à-cause-de l'impossibilité
τῆς ἀμύνης·	de-la vengeance,
γὰρ οὖσα χερσαία,	car étant *animal* terrestre,

---

ticulière, qui signifie : au sommet d'un arbre; — il faut, en grec, traduire ὑψηλοῦ, comme adjectif complément de δένδρου.

3 Ἐν τοῖς ἔγγιστα θάμνοις, s.-ent. οὖσι, *étant*; m.-à-mot; *dans les buissons étant tout près de là*. — Ἔγγιστα, plur. neutre, pris adverbial., de ἔγγιστος, superlatif de ἐγγύς.

4 Καταπτάς, part. aor 2 de καθ-ίπταμαι, *fondre sur*, m.-à-m.: *descendre en volant*.

5 Ὅσον, rapprochez ce relatif de l'antécéd. τοσοῦτον, qui précède.

οὖσα, πτηνὸν διώκειν οὐχ οἷά τε ἦν⁶. Διὸ⁷ καὶ πόρρωθεν στᾶσα, τοῦθ' δ καὶ τοῖς ἀδυνάτοις ἐστὶν εὔπορον, τῷ ἐχθρῷ κατηρᾶτο. Οὐ πολλῷ δ' ὕστερον⁸, αἶγά τινων ἐπ' ἀγροῦ θυόντων, καταπτὰς ὁ Ἀετὸς μέρος τι τῶν θυμάτων σὺν ἐμπύροις ἄνθραξιν ἥρπασε, κἀπὶ⁹ τὴν νεοττιὰν ἤγαγεν. Ἀνέμου δὲ σφοδροῦ πνεύσαντος τηνικαῦτα, καὶ φλογὸς ἀναδοθείσης, οἱ ἀετιδεῖς, ἀπτῆνες ἔτι τυγχάνοντες, ὀπτηθέντες εἰς γῆν κατέπεσον. Ἡ δ' Ἀλώπηξ ἐπιδραμοῦσα, ἐν ὄψει τοῦ Ἀετοῦ πάντας κατέφαγεν.

Ἐπιμύθιον.

Ὁ μῦθος δηλοῖ ὅτι οἱ φιλίαν παρασπονδοῦντες, κἂν τὴν ἐκ τῶν ἠδικημένων φύγωσι τιμωρίαν, δι' ἀσθένειαν¹⁰, ἀλλὰ τήν γε θείαν δίκην οὐ διακρούσονται.

οὐκ ἦν ⁶ οἷά τε διώκειν πτηνόν.	il n'était *pas* capable de-poursuivre *un animal* ailé.
Καὶ διὸ ⁷ στᾶσα πόρρωθεν,	Et c'est-pourquoi s'étant-placé de-loin,
κατηρᾶτο τῷ ἐχθρῷ,	*il* lança-des-imprécations contre-le (son) ennemi,
τοῦθ' ὅ ἐστιν εὔπορον καὶ τοῖς ἀδυνάτοις.	ce qui est facile même aux *êtres* sans-forces.
Δὲ οὐ πολλῷ ὕστερον ⁸ τινων	Or non beaucoup plus-tard (peu après) certaines *personnes*
θυόντων ἐπ' ἀγροῦ αἶγα,	sacrifiant dans *un* champ *une* chèvre,
ὁ Ἀετὸς καταπτὰς	l'Aigle s'étant-abattu-en-volant
ἥρπασέ τι μέρος	enleva une partie
τῶν θυμάτων	des morceaux-consacrés
σὺν ἄνθραξιν ἐμπύροις,	avec *des* charbons enflammés,
καὶ ἤγαγεν	et *les* apporta
ἐπὶ τὴν νεοττιάν.	à la (sa) nichée (à ses petits).
Δὲ ἀνέμου σφοδροῦ πνεύσαντος τηνικαῦτα,	Mais *un* vent violent ayant-soufflé alors,

---

6 Οὐχ οἷά τε ἦν. — οἷός τε, *capable;* la locution, sans ellipse, est: τοιοῦτος οἷός τε, que l'on fait suivre d'un infinitif. On a ensuite sous-entendu l'antécédent, et on est arrivé à cette manière de parler si usitée οἷος ou οἷός τε εἰμί, je suis capable de ; je suis en état de....

7 Διό, « *c'est pourquoi,* » pour διὰ ὅ, qui est rendu exactement en latin par l'adverbe *quod-propter,* et en français par un vieux mot: *ce-pourquoi.*

FABLES D'ÉSOPE.

mal ailé. C'est pourquoi il se contenta (ressource à la portée même des faibles), de maudire de loin son ennemi. Mais, peu de temps après, comme on immolait une chèvre dans un champ voisin, l'Aigle se jeta sur la victime, enleva un morceau de chair auquel s'étaient attachés quelques charbons enflammés, et l'apporta à ses petits. Un vent violent vint à souffler alors: la flamme s'alluma et les aiglons, encore hors d'état de voler, furent brûlés et tombèrent à terre. Le Renard accourut et les dévora tous sous les yeux de l'Aigle.

MORALE.

Cette fable montre que ceux qui violent les lois de l'amitié n'échappent pas au châtiment des Dieux, quand même ceux qu'ils ont maltraités auraient été trop faibles pour se venger.

——o—◇—o——

καὶ φλογὸς	et *la* flamme
ἀναδοθείσης,	ayant-été-produite,
οἱ ἀετιδεῖς,	les aiglons,
τυγχάνοντες ἔτι	se-trouvant-être encore
ἀπτῆνες,	dépourvus-de-plumes,
ὀπτηθέντες	ayant-été-rôtis,
κατέπεσον εἰς γῆν.	tombèrent sur *la* terre (par terre).
Δὲ ἡ 'Αλώπηξ	De-son-côté le Renard
ἐπιδραμοῦσα	étant-accouru
κατέφαγε πάντας	*les* dévora tous
ἐν ὄψει τοῦ 'Αετοῦ.	dans *la* vue (à la vue) de-l'Aigle.
'Επιμύθιον.	MORALE.
Ὁ μῦθος δηλοῖ	La fable montre
ὅτι οἱ παρασπονδοῦντες φι-	que les *hommes* violant *l'*amitié,
κἂν φύγωσι [λίαν,	quand-même *ils* ont-évité
τὴν τιμωρίαν	la punition
ἐκ τῶν ἠδικημένων,	*venant* des *personnes* maltraitées,
δι' ἀσθένειαν 10,	à-cause de la (leur) faiblesse,
ἀλλά γε οὐ διακρούσονται	du-moins n'éviteront *pas*
τὴν δίκην θείαν.	la punition divine.

⁸ Οὐ πολλῷ δ' ὕστερον, *peu de temps après;* — Πολλῷ ne s'emploie en général qu'avec un comparatif, comme en latin on dit: *multò major;* on le voit ici avec ὕστερον, parce que cet adverbe signifie *plus tard,* et est un véritable comparatif formé de la préposition ὑπό, d'où dérive également le superlatif ὕστατος.

⁹ Κἀπί, *crase,* pour καὶ ἐπί. Voy. f. V, note 2.

¹⁰ Δι' ἀσθένειαν, répétez τῶν ἠδικημένων, « à cause de la faiblesse de ceux qu'ils ont maltraités. »

ΜΥΘΟΣ ΛΘ′—XXXIX.

ΛΥΚΟΙ ΚΑΙ ΠΡΟΒΑΤΑ.

Καθ' ὃν χρόνον[1] ὁμόφωνα ἦν τὰ ζῶα, πόλεμον οἱ Λύκοι τοῖς Προβάτοις συνῆψαν. Τῶν δὲ Κυνῶν συμμαχούντων τοῖς θρέμμασι[2], καὶ τοὺς Λύκους ἀποσοβούντων, οἱ Λύκοι, πρεσβευτὴν ἀποστείλαντες, ἔφασαν τοῖς Πρόβασιν[3], εἰ βούλοιντο βιοῦν ἐν εἰρήνῃ, καὶ μηδένα πόλεμον ὑποπτεύειν, τοὺς Κύνας αὐτοῖς ἐκδοῦναι. Τῶν δὲ Προβάτων ὑπ' ἀνοίας πεισθέντων καὶ τοὺς Κύνας ἐκδεδωκότων, οἱ Λύκοι τούς τε Κύνας διεσπάραξαν, καὶ τὰ Πρόβατα ῥᾶστα[4] διέφθειραν.

(XÉNOPHON, *Memor.*, II. 7; — PHÈDRE, *Appendice*, 21; — BABRIUS, LXXXII; — APHTHON., 21; — LIBAN., 1; — LA FONTAINE, III, 13.)

ΜΥΘΟΣ ΛΘ′.
ΛΥΚΟΙ ΚΑΙ ΠΡΟΒΑΤΑ.

Καθ' ὃν χρόνον[1]
τὰ ζῶα ἦν
ὁμόφωνα,
οἱ Λύκοι
συνῆψαν πόλεμον
τοῖς Προβάτοις.
Δὲ τῶν Κυνῶν
συμμαχούντων
τοῖς θρέμμασι[2],
καὶ ἀποσοβούντων τοὺς Λύκους, [
οἱ Λύκοι,
ἀποστείλαντες πρεσβευτήν,
ἔφασαν τοῖς Πρόβασιν[3]

FABLE XXXIX.
LES LOUPS ET LES BREBIS.

Dans le temps dans lequel temps (alors les animaux étaient [que)
semblables-par-le-langage,
les Loups
entreprirent *une* guerre
avec-les Brebis.
Mais les Chiens
combattant-avec (étant alliés de)
les Brebis,
et repoussant les Loups,
les Loups,
ayant-envoyé *un* ambassadeur,
dirent aux Brebis

XXXIX. — [1] Καθ' ὃν χρόνον, locution elliptique pour κατὰ τὸν χρόνον κατὰ ὅν, *au temps où; dans le temps que.*

[2] Θρέμμασι, datif plur. de θρέμμα, ατος (τό). — Θρέμμα (rac. τρέφω, nourrir) a, au singulier, le sens de *nourrisson* seulement; au pluriel, il signifie *bestiaux*, et spécialement *moutons*.

Πρόβασιν. — Πρόβατον (τό) a deux formes de datif: προβάτοις

FABLE XXXIX.

LES LOUPS ET LES BREBIS.

Dans le temps que les animaux avaient le même langage, les Loups déclarèrent la guerre aux Brebis. Repoussés par les Chiens qui s'étaient alliés aux Brebis, ils envoyèrent à celles-ci une ambassade pour les engager, si elles voulaient vivre en paix et n'avoir à redouter aucune guerre, à leur livrer les Chiens. Par sottise elles y consentirent, et quand elles les eurent livrés, ils furent déchirés par les Loups, tandis qu'elles-mêmes furent égorgées avec la plus grande facilité.

ἐκδοῦναι αὐτοῖς	d'avoir-livré (de livrer) à-eux
τοὺς Κύνας,	les Chiens,
εἰ βούλοιντο	si *elles* voulaient
βιοῦν ἐν εἰρήνῃ,	vivre dans *la* paix,
καὶ ὑποπτεύειν	et (*si elles voulaient*) ne craindre
μηδένα πόλεμον.	aucune guerre.
Δὲ τῶν Προβάτων	Or les Brebis
πεισθέντων	ayant-été-persuadées
ὑπ' ἀνοίας,	par-suite-de *leur* folie,
καὶ ἐκδεδωκότων τοὺς Κύνας,	et ayant-livré les Chiens,
οἱ Λύκοι	les Loups
τε διεσπάραξαν	et mirent-en-pièces
τοὺς Κύνας,	les Chiens,
καὶ διέφθειραν ῥᾷστα [4]	et détruisirent très-facilement
τὰ Πρόβατα.	les Brebis.

(régulier), qui se trouve trois lignes plus haut, et πρόβασι (irrégulier), qui semble formé d'un substantif de la troisième déclinaison comme προβάν, άντος.

[4] Ῥᾷστα, pluriel neutre, pris adverbial.; de ῥᾷστος, contr. pour ῥάϊστος, superlatif irrégulier de ῥᾴδιος, *facile*.

ΜΥΘΟΣ Μ'—XL.

ΟΔΟΙΠΟΡΟΙ.

Ὁδοιπόροι, κατά τινα αἰγιαλὸν ὁδεύοντες, ἦλθον ἐπί τινα σκοπιάν. Κἀκεῖθεν [1] θεασάμενοι φρύγανα πόρρωθεν ἐπιπλέοντα, ναῦν εἶναι μεγάλην ᾠήθησαν. Διὸ δὴ προσέμενον, ὡς μελλούσης [2] αὐτῆς προσορμίζεσθαι. Ἐπεὶ δὲ ὑπὸ ἀνέμου φερόμενα τὰ φρύγανα ἐγγυτέρω ἐγένετο, οὐκέτι ναῦν, ἀλλὰ πλοῖον [3] ἐδόκουν βλέπειν. Ἐξενεχθέντα [4] δὲ αὐτά, φρύγανα ὄντα ἰδόντες, πρὸς ἀλλήλους ἔφασαν· « Ὡς ἄρα μάτην ἡμεῖς τὸ μηδὲν ὂν προσεδεχόμεθα. »

ΜΥΘΟΣ Μ'.
ΟΔΟΙΠΟΡΟΙ.

Ὁδοιπόροι,
ὁδεύοντες
κατά τινα αἰγιαλόν,
ἦλθον ἐπί τινα σκοπιάν.
Κἀκεῖθεν [1]
θεασάμενοι φρύγανα
ἐπιπλέοντα πόρρωθεν,
ᾠήθησαν
εἶναι ναῦν μεγάλην.
Διὸ δὴ
προσέμενον,
ὡς αὐτῆς μελλούσης [2]
προσορμίζεσθαι.

FABLE XL.
LES VOYAGEURS.

Des Voyageurs,
faisant-route
le-long-de un-certain rivage,
arrivèrent à une éminence.
Et-de-là
ayant-vu *des* sarments
voguant au-loin,
ils pensèrent (*ces sarments*)
être *un* vaisseau grand.
C'est pourquoi certainement
ils attendaient (ils attendirent),
comme lui devant (pensant qu'il devait)
aborder.

XL. — [1] Κἀκεῖθεν, « *et de là*, » (question *unde*). Voy. fable XXXVI, note 6. — Κἀκεῖθεν, crase pour καὶ ἐκεῖθεν. Voyez fable V, note 2.

[2] Ὡς μελλούσης. — Sur le sens de ὡς. Voy. fable XXVIII, note 4.

FABLE XL.

LES VOYAGEURS

Des Voyageurs marchaient sur le rivage de la mer : arrivés sur une hauteur, ils aperçurent au loin des sarments portés sur les vagues, qu'ils prirent pour un grand vaisseau. Ils s'arrêtèrent donc, pensant qu'il allait aborder. Mais quand, poussés par le vent, les sarments furent plus près, ce ne fut plus un vaisseau, mais une petite barque qu'ils crurent voir. Enfin, quand ils eurent été jetés sur le rivage, ils reconnurent des sarments et se dirent : « Nous attendions bien inutilement ce qui n'était rien en réalité. »

Δὲ ἐπεὶ τὰ φρύγανα	Mais après-que les sarments
φερόμενα	étant-portés (étant-poussés)
ὑπὸ ἀνέμου	par le vent
ἐγένετο ἐγγυτέρω,	furent-devenus plus-proche,
ἐδόκουν βλέπειν	*ils* croyaient (ils crurent) voir,
οὐκέτι ναῦν,	non-plus *un* vaisseau,
ἀλλὰ πλοῖον 3.	mais *une* petite-barque.
Δὲ ἰδόντες αὐτὰ	Mais ayant-vu eux
ἐξενεχθέντα 4	ayant-été-poussés-hors (*de la mer sur*
ὄντα φρύγανα,	étant (être) *des* sarments, [*la rive*)
ἔφασαν πρὸς ἀλλήλους·	ils se dirent les-uns-aux-autres :
« Ὡς ἄρα	« Comme certes
ἡμεῖς προσεδεχόμεθα	nous attendions
μάτην	inutilement
τὸ ὂν μηδέν. »	le *n*'étant (ce qui n'était) rien. »

---

3 Πλοῖον. — Remarquez la différence entre ναῦς, *vaisseau*, et πλοῖον, petite barque.

4 Ἐξενεχθέντα. — Ἐνεχθέντα, *portés*, ἐξ, *hors de* la mer (sur le rivage).

ΑΙΣΩΠΟΥ ΜΥΘΟΙ.

Ἐπιμύθιον.

Ὁ μῦθος δηλοῖ ὅτι τῶν ἀνθρώπων ἔνιοι, ἐξ ἀπροόπτου [5] δοκοῦντες φοβεροὶ εἶναι, ὅταν εἰς πεῖραν ἔλθωσιν, οὐδενὸς [6] εὑρίσκονται ἄξιοι.

(La Fontaine, iv, 10.)

Ἐπιμύθιον.	MORALE.
Ὁ μῦθος δηλοῖ	La fable montre
ὅτι ἔνιοι τῶν ἀνθρώπων,	que quelques-uns des hommes,
δοκοῦντες εἶναι φοβεροὶ	paraissant être effrayants

---

[5] Ἐξ ἀπροόπτου, « *à première vue*, » m.-à-m. : sans avoir été vus auparavant. *Rac.* α priv., πρό, auparavant, et ὄπτομαι (peu usité), voir. [En latin *ex improviso*.]

[6] Οὐδενὸς..... ἄξιοι, « *dignes d'aucune considération*; » *s.-ent.*

ΤΕΛΟΣ.

MORALE.

Cette fable montre que certains hommes au premier abord paraissent redoutables, et, quand on les connaît, on trouve qu'ils ne méritent pas qu'on tienne compte d'eux.

———o—◇—o———

ἐξ ἀπροόπτου ⁶,	à la-première-vue,
εὑρίσκονται ἄξιοι	sont-trouvés *n'étant* dignes
οὐδενός ⁶,	d'aucune *estime*,
ὅταν ἔλθωσιν	lorsque *ils* sont-venus
εἰς πεῖραν.	à *l*'essai.

τιμήματος, **prix**, *estime*, *considération*. En latin, la même ellipse est très-fréquente avec les verbes de prix et d'estime : *plurimi facere*, sous-ent. *pretii*, estimer beaucoup.

FIN.

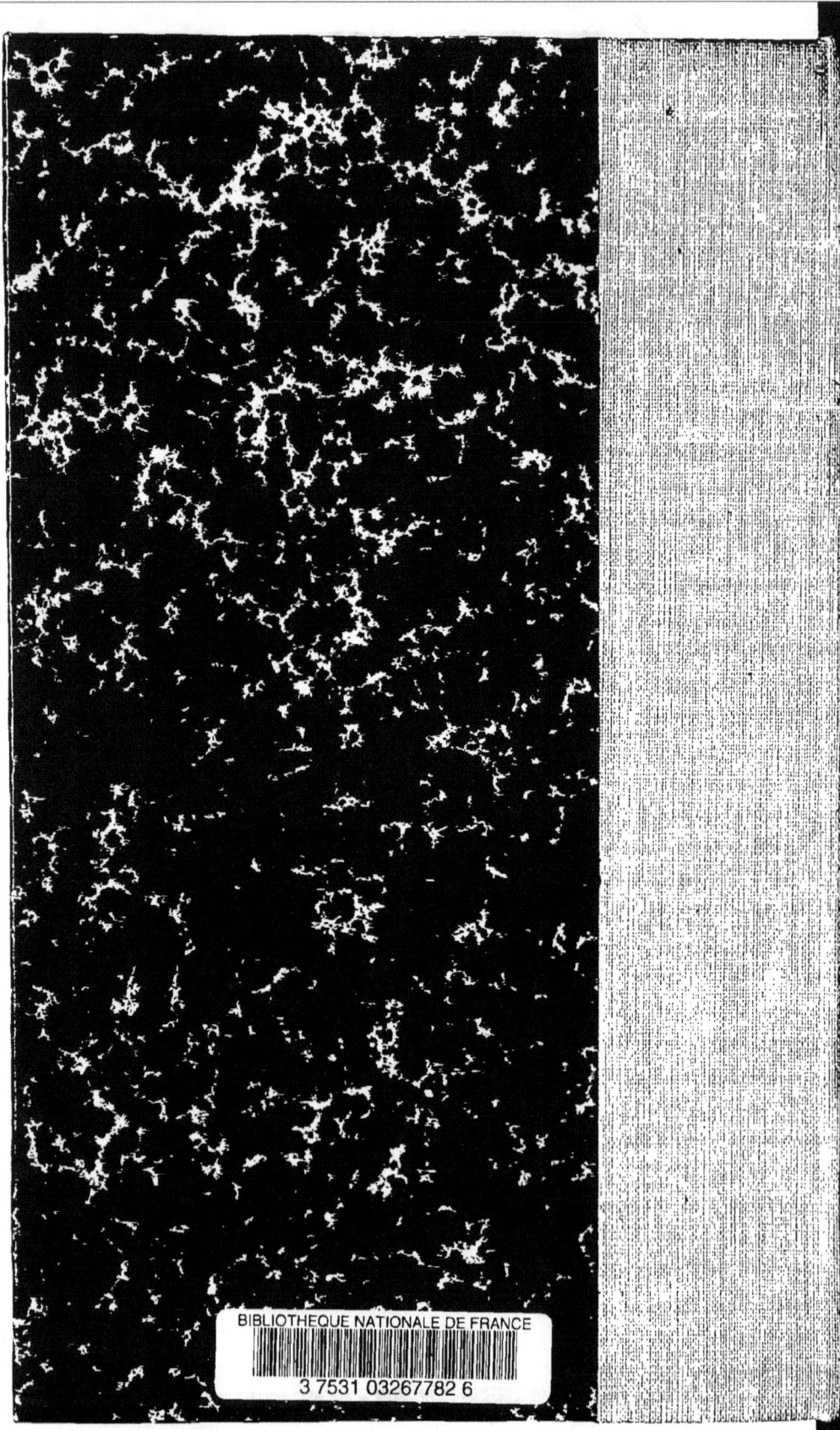

www.ingramcontent.com/pod-product-compliance
Lightning Source LLC
Chambersburg PA
CBHW060145100426
42744CB00007B/906